言葉の持つ力で笑顔になれる

大好き

感謝

大丈夫

ありがとう

しあわせ

素敵な未来

ノートやファイル、スマホなどお好きなところに貼って、自由にお使いください

大切なあなたへ

神《かみ》人《ひと》

徳間書店

はじめに

誰かの言葉によって心が救われた、という経験は、誰もが一度は経験することではないでしょうか。

わたしもこれまでに色々な言葉によって救われてきた者の一人です。

あらゆる状況、あらゆる感情と向き合いながら、その都度《つど》、誰かに癒《い》やされたり励《はげ》まされたり、いただいた言葉を笑顔に、涙に、氣力《きりょく》に変えさせていただきながら、お陰様《かげさま》でこれまで生きて来られました。

そして一方では、異次元《いじげん》世界と現次元《げんじげん》世界の狭間《はざま》でシャーマンとして繫《つな》ぎ役となりながら、その時々に応じて与えられる言葉を紡《つむ》いでもきました。

異次元世界を仮に天と表現するならば、本書は長年の間、わたしが受け取ってきた〝天からの言葉〟を主にまとめ上げたものとなります。

言葉に救われてきた者の一人として、本書とご縁《えん》ありました皆さまが、心の糧《かて》と変わる言葉に出逢うことができましたら、この上なく幸いに存じます。

そして願わくば、ぜひ気に入った言葉が見つかりましたら、何度でも声に出して、ご自身に優《やさ》しく励ますように読み聞かせていただければ嬉しく思います。

必ずや言葉たちが、あなたの心を暖《あたた》め、優しい笑顔を維持《いじ》してくれるものと信じております。

みなみなうれしうれしたのしたのし
かわるかわるありがたいありがたい

神人《かみひと》

目次

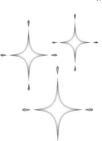

装丁　三瓶可南子
編集　豊島裕三子
イラスト　浅田恵理子

第1章

大切なあなたへ

あなたという存在

あなたはこれまで
よく頑張《がんば》ってきました
よく乗り越《こ》えてきました
よく生きてきました

それだけで
とても素晴《すば》らしいです！
偉《えら》いのです！　貴《とうと》いのです！

生きていることは
当たり前のことではありませんから

あなたは
とても大切な大切な存在です❤
今まで生きてきてくれて
どうもありがとうございます

これからもみんなで
生きてゆきましょう

もう一歩だけ

寂《さび》しかった……虚《むな》しかった……悲しかった……
腹だたしかった……羨《うらや》ましかった……
妬《ねた》ましかった……
聞いてほしかった……伝えたかった……

謝《あやま》りたかった……苦しかった……

あなたも辛《つら》かったのですよね……
癒《い》やされたい　救われたい　抜け出したい
誰かに理解してもらいたかったのですよね
でも　どうすればいいのか？
分からなかったのですよね……

あの世も　この世も　いずれも
充《み》たされない思いの人たちで満《み》ちています
おそらくここは　そういう星なのでしょう……

でも大丈夫　大丈夫
もう大丈夫ですから！

変われる　変われる
必ずあなたも変われますから！
なぜなら変わるために
こうして出会ったのですから！

ただひとつだけお願いがあります
あなたが喜びへと変わるために！

あともう一歩だけ
踏《ふ》み出してみて下さい
そうしたら一変《いっぺん》し　晴れやかになりますから
あともう一歩だけ！

心配しなくてもいい

未来は
決まっているわけじゃないよ
どんどん悪くなるわけじゃないよ
心配しなくていいよ❤
どんどん改善《かいぜん》されているから！

なぜ生まれてきたのか？

あなたが生まれてきたのには
必ず理由があります
あなたは〝何かをするため〟

に生まれてきたのです

何をしたいのか？
常《つね》に自問自答《じもんじとう》しながら
生きることが大切です

そしてあなたは
〝したいことをすれば良い〟のです
自分自身の意思で行動することです

そうすればきっと
今世《こんせい》での目的が
果たされてゆくことでしょう

自己愛

やりたいことをやる自分を
許してあげましょう❤
やりたいことをやるために
生まれてきたのですから

自分らしく

あなたはあなたらしく
わたしはわたしらしく
それぞれがそれぞれで良い
それぞれがみな魅力的《みりょくてき》なのです

あなたは
生まれてから
今までずっと
これからもずっと
魅力的なのです！

あなたらしくあれば良いのです

安心

安心していいのです
それがあなたの真《しん》の望みなのですから

不安でいなければならないわけではなく
不安でいたいのかどうか？
という〝お試《ため》し〟を受けているのです

わたしは安心を選びます
あなたも安心を選べます

安心でいる？　不安でいる？
〝心の問題〟なのです

役目

あなたの役目とは
あなたを生きることです

あなたが自身の特性を認め
あなたらしく生きることです

あなたがしたいように
今日を生きれば良いのです

それがあなたの役目です

ポジティブ

自分には何もない……
自分には何もできない……

そのように思い込まないで下さい
「何もない」
「何もできない」
わけがないのですから

あなたには
たくさんのものが与えられており
たくさんのことができるのです

自分にも何かある！
自分にも何かできる！
という思考から始めましょう❤

向き不向き

すべてには
向き不向きがあります

自分に向いていることを選べば良いのです
自《おの》ずと喜びを得やすくなるでしょう
好きなこと　得意なこと　興味《きょうみ》のあること

不向きなことをし続ける
＝自分らしくない生き方をしている

自分に向いていることを選ぶ
＝自分らしく生きる

＝幸せな生き方をする

過去に囚《とら》われない

今のあなたは　過去のあなたとは違うのです
過去の自分と同じであると思い込まないことです

人間関係も　素行《そこう》振《ふ》る舞《ま》いも　容姿《ようし》も価値観《かちかん》も
今のあなたと過去のあなたは
必ず異《こと》なることを理解しましょう

だから過去に囚《とら》われなくても良いのです
過去のあなたが経験したことを元《もと》に
より良い未来を想像し　生み出してゆけば良いのです

人は学びながら必ず変わるものです
すべてが変わっており　変わらないものはないのです
ただ変化が大きいか小さいかの違いがあるだけです

過去に似たようなことが起きたとしても
過去と同じことは　もう起こらないのです
宇宙は〝無限変化《むげんへんか》の仕組《しく》み〟としてあります

恐《おそ》れないこと　思い込み　過去に囚われないことです
あなたの未来はどんどん良くなっているのですから
自分の未来を　良き展開を信じて前に進みましょう

大丈夫　大丈夫　大丈夫!!

褒《ほ》める

人は誰かに褒められたいものです
褒められるからこそ　また頑張《がんば》れるものです

両親に　祖父母《そふぼ》に　兄弟姉妹に　伴侶《はんりょ》に
友人に　仲間に　職場に　地域《ちいき》に　社会に……
できれば　みんなに褒められたいのです

もしも褒め合うことができる環境《かんきょう》ならば
お互いが認め合うことができる世界ならば
みんな毎日が楽しく生きてゆけることでしょう

誰かにけなされたり

誰にも評価《ひょうか》されなければ
楽しくないものです

悔《くや》しさの中で成長するよりも
嬉しさの中で成長するほうが
人は幸せです

もっと多くの笑顔に包まれ
褒められるために
人はみんな今日もまた
懸命《けんめい》に生きるのでしょう

だからみんなが幸せになりますように
自分を　みんなを　日々褒めましょう

助言

いろんな人生があります
いろんな人生があっていいのです
あなたが何を選ぶかは
あなたにとって喜びとなるものでいいのです
なぜなら　あなたの人生だからです

変えたくなったら　変えればいいのです
あなたらしく　変わりたいように変わればいいのです

自分の気持ちには素直になりましょう
自分に嘘《うそ》をつく生き方だけはやめましょう

しかし　あなたを大切に思ってくれる人たちの言葉には
ちゃんと耳を傾《かたむ》けましょう
たとえあなたと価値観《かちかん》や考え方が違っていても
あなたにとって
大切な助言《じょげん》が必ず含《ふく》まれているからです

そして　それぞれの気持ちが理解できたならば
ちゃんと言葉に換《か》えて　感謝の思いを伝えましょう
みんな喜んでくれるはずですから

わたしを思ってくれて
どうもありがとうございます

楽

楽になりましょう
楽に考えましょう
楽に生きましょう

心の世界は
苦しくよりも
嬉《うれ》しく！　楽しく！
ありがたく！
を選べば良いのです

気分転《てん》換《かん》

青空
歩いてみましょう
気持ち良いですから
さぁ　気分転換しましょう

みなみなうれしうれしたのしたのし
かわるかわるありがたいありがたい

自分へ

自分を認めます

自分ならできます
自分からします
自分で良かった
自分を理解します
自分を生きます

自分に与えます
自分に伝えます

自分は愛される
自分が好きです

繰《く》り返し何度でも
自分に言いましょう

特別な者

特別な者になろう
としなくても良いのです
あなたは生まれた時から
すでに特別な存在なのですから

あなたはみんなに
認められたい
愛されたいのです

そのためには
みんなを認め　愛すれば良いのです

愛

愛することが
答えです

それは
理解するように努めることです

そのためには
まずゆっくりと呼吸しながら
見つめれば良いでしょう

素晴らしい所を
いくつも探すように

新しい

新しいことをするのは
わくわくどきどきします

新しいものを見る
新しいものを聴《き》く
新しいものを食《しょく》す
新しいものの匂《にお》いを嗅《か》ぐ
新しいものに触《ふ》れる
新しいものを作る
新しいものを考える
新しいものを……

自分次第《しだい》で
毎日〝新しい〟を望むことも
可能なのです

だから　生きることが愉《たの》しくなるのです

生きる

みんなが
学んでいるのです

あらゆる価値観を
あらゆる存在を
あらゆる感情を

そして
より良き歓《よろこ》びを求めながら
今を一生懸命《いっしょうけんめい》生きているのです
あなたも　そのひとりなのです

魂《たましい》の成長

人はあらゆる経験をするために
生まれ　生きてゆきます
だから魂《たましい》は成長するのです

人

人に苦しめられ
人に喜ばされ
人に学ぶ

人を嫌《きら》い
人を愛し
人を求める

人からいただき
人に与え
人として生きている

だから人は面白《おもしろ》い

愛される人

あなたは愛されています
あなたはもっと愛されてゆきます
あなたは多くの人から愛されます
あなたはたくさん愛してゆきます
あなたは愛に包《つつ》まれながら
生きてゆく人なのですよ❤

恵み

あなたは恵まれています
数えきれないほどの
素晴らしい恵みを得ています
恵まれていることを
深く理解することです
そうすれば
感謝する生き方に変わります

与えられているもの

与えられるべくして

与えられています
みな分相応《ぶんそうそう》に
必ず与えられているのです

与えられているものを
活《い》かす選択《せんたく》をし続けるならば
感謝と歓喜《かんき》の道を歩めます

得する生き方

未来を憂《うれ》うことは
損《そん》をします
未来を願うことは

得をします

なぜなら
未来をどのように思うかで
今日の気分が決まるからです

得する生き方とは？

笑顔のなり方

気持ちは
瞬間《しゅんかん》にして変えられるものです
「経験させていただき　ありがとうございます」
だから笑顔になれるのです

みなみなうれしうれしたのしたのし
かわるかわるありがたいありがたい

幸福感を高める方法

〝ありがたい〟
と思うことを考えましょう

そして言葉に換《か》えましょう

わたしは〇〇〇で〝ありがたい〟です
それが「幸福感を高める方法」です

素敵《すてき》な計画

計画を立てましょう！
あなたが喜びとなる素敵《すてき》な計画を

どこに行きましょうか？
誰に会いましょうか？
何をしましょうか？

あなたの未来は
素敵な計画がたくさん用意されています

喜び方

喜びを深めるためには
ひとつひとつ集中して
喜びを味わえば良いでしょう

ありがたい
ありがたい
ありがたい
と心に刻《きざ》むように
喜びを得られたことを
ゆっくり記憶《きおく》するのです

喜びの循環《じゅんかん》

与えれば与えるほど　与えられます
だから　与えさせていただくのです
いつもありがとうございます

労《ねぎら》い

あなたはよく頑張《がんば》りました！
素晴らしい!!
できなかったことを憂《うれ》うより
できたことを褒《ほ》めましょう❤

得られなかったことよりも
得られたことを喜びましょう❤
一年を振り返りながら
何度でも自分を褒めましょう❤

去年より今年のあなたは
確実に進化したのです！
来年は今年よりも
確実にさらに進化しますから!!

自分に
ありがとう!!

分かる時が来る

何をしたいのか？
あなたが分からないのは
まだ出逢《であ》っていないから
まだ気付いていないから
まだ時期が早いから

分かる時が訪れるのを待ちながら
今は現状《げんじょう》を楽しめば良いのです

劣《れっ》等《とう》感《かん》

劣等感は誰もが持っているものです
決《けっ》してあなただけではないのです

他人にはあなたにないものがあります
あなたより優《すぐ》れているものがあります
羨《うらや》ましく疎《うと》ましく映《うつ》ることもあります

しかしあなたも誰かから同じように
見られているとしたらどうでしょう?

あなたにしかないものがあります
他人より優れているものがあります

そのことを自分で分かる日が
遅かれ早かれ　いつか訪れるものです

自分をよく観察してみましょう
自分を肯定的《こうてい》に見てみましょう
周囲に感想を聞いてみましょう

「ない」ものではなく
「ある」ものを考えてみましょう

必ずあなたにも
光り輝く部分があるのです
それはすべての存在にあるのです
そのことに気付いた瞬間《しゅんかん》から
すべてが特別であり　貴《とうと》く映《うつ》るのです

あなたが自分自身を愛《いと》おしく思い
生きていることが嬉しくなる日が
いつか必ず来ることを約束します

勇気を出して唱《とな》える！

あなたは決して独《ひと》りではありません
独りだと思い込んでいただけです

誰にも理解されない
誰にも好かれていない
誰にも求められていない

それはすべて
あなたの妄想《もうそう》なのです

あなたは
みんなに理解されます
みんなに好かれます
みんなに求められます

ただそのためには
あなたがあなたの未来を
信じてあげるだけなのです

勇気を出して
何度も唱《とな》えましょう！

「わたしはわたしの未来を幸せに変える♥」

卑下《ひげ》する必要はない

どんな職業であれ
どんな人生であれ

人に対して
礼儀礼節《れいぎれいせつ》をもって
誠実であるならば

そして
周囲から感謝されているならば

良き人生である❤
と言えるのではないでしょうか

ですから
卑下する必要はないのです

感謝の日々

今日も食事ができる
ありがたい

今日も散歩《さんぽ》ができる
ありがたい

今日も知識《ちしき》を得られる
ありがたい
今日も言葉を綴《つづ》られる
ありがたい
今日も家族といられる
ありがたい
今日も世界は変化する
ありがたい
今日も風呂に入れる
ありがたい

今日も布団《ふとん》で休める
ありがたい

今日も無事《ぶじ》に過ごせた
ありがたい

生きていられるだけで
ありがたい
ありがたい
ありがたい

自《じ》愛《あい》

あなたはあなたでありなさい

あなた以外の者にならなくて良いのです
あなたがあなたを認め
あなたを精一杯《せいいっぱい》　活《い》かせば良いのです
あなたがあなたを真《しん》に愛する時
あなたがあなたとして　輝き始めるのです

大《たい》愛《あい》へと向かう

あなたは
真の良き喜びをいただくのです
喜びにはさらなる上があります

より大きく　より広く　より深く強く
あなたは大愛へと向かいながら
進んでゆくのです

幸せな人

与えられている
導かれていると
しみじみ感謝できる人は
とても幸せな人なのです

思い込み

あなたの幸せを願っている人がいます

心身ともに健康でありますように
家族みんなと仲良くありますように
素敵《すてき》な人と出会えますように
やり甲斐《がい》のある仕事ができますように
悔《く》いの残らない人生を送りますように

〝わたしは孤独《こどく》である〟と
ひとりで思い込まないように
あなたの幸せを願っている存在が
必ずいるのです

感謝を伝える人

いつもありがとう
支えてくれてありがとう
笑顔をありがとう
歓《よろこ》びを下さりありがとう
出会《であ》ってくれて
どうもありがとう
こんなわたしを
愛してくれてありがとう

これからも
どうぞよろしくお願いします

第2章

身体《からだ》の声を聞く

身体《からだ》と共に

身体の声を聞く
身体を学ぶ
身体を労《ねぎら》う
身体に感謝を伝える
身体は最高の友人である

姿形《すがたかたち》

鏡に映る姿は
今生《こんじょう》お世話になっている
期間限定《きかんげんてい》の姿です

すべてに必要性があって
その姿なのです

今生お世話になっている
たくさんの学びを下さる身体に

いつもありがとうございます
これからもよろしくお願いします

後悔《こうかい》しない生き方

どんな風に生きればいいのか？

あなたらしい生き方をすればいいのです
今の自分がしたいことをすればいいのです

人に迷惑《めいわく》をかけなければ何でもいいのです
自分が喜びと感じることをすればいいのです
自分に嘘《うそ》をつかないほうが望ましいのです

もしも今したいことが分からなければ
自分の肉体を喜ばすことをすればいいのです

今という時間は足早《あしばや》に去ってゆきます

だから　その時々の自分と語らいながら
本心に対し
素直に答える生き方をすればいいのです

自分がしたいことをしない生き方をすれば
必ずいつか振り返った時に
後悔《こうかい》することになるでしょう

愛される人になる方法

愛されたいと思うならば
愛される人になりましょう
愛される人になるためには
愛する人になりましょう
愛する人になるためには

愛することができる人になりましょう
愛することができるためには
他を理解するように努めましょう
他を理解するためには
他の話を聞く人になりましょう
他の話を聞くためには
謙虚《けんきょ》に伺《うかが》う姿勢《しせい》を持ちましょう
謙虚になるためには
慢心《まんしん》を手放しましょう
慢心を手放すためには

自分が生かされていることを理解しましょう

生かされていることを理解するには
自分の身体《からだ》をよく見てみましょう

身体をよく見たならば
自分が創《つく》ったものは何ひとつなく
自分が生かしているものでもなく
自分が日々使わせていただいている
一番身近な他存在《たそんざい》であるということに
気付くことができるでしょう

自分は何もかも
ただ与えられているだけであり
とても小さな存在である

ということに気付いたならば
あなたは本当に幸せになれるのです

なぜなら　感謝することしか自分にはできない
ということを理解できる人になれるからです

他に対して　心から感謝することができる人になれた時
あなたは他から愛される人になっているのです

歩ける幸せ

わたしは歩くことができます
とてもありがたいことです

いろいろな風景を眺《なが》められる
いろいろな香りを嗅《か》げる
いろいろな音が聴《き》こえてくる
いろいろな出会いが必ずある
いろいろな気付きも得られる

春夏秋冬《しゅんかしゅうとう》　移り変わる世界で
自然の中の命のひとつとして
生を愉《たの》しめる存在でありたい

わたしは
今日も歩くことができます
歩けるうちに歩きたいものです
貴《とうと》き身体《からだ》に感謝しながら

やりたいこと

やりたいことが　見つからないという人は
肉体を喜ばせましょう

視覚《しかく》　聴覚《ちょうかく》
臭覚《きゅうかく》　味覚《みかく》　触覚《しょっかく》
日々喜ばせましょう

そのためには　何処《どこ》へ行きますか？
誰に会いますか？　何をしますか？

それを考えて行動することが
今あなたがすべきことです

第3章

今を喜びに変える方法

望み

自身が何を望んでいるのか？

心から望むことには
必ず深い意味があります
あなたの成長に
必要不可欠《ふかけつ》なことです

自身の願望《がんぼう》に対し理解を深め
日々与えられるものを
ひとつずつ与え続けてゆくことが
生きる歓《よろこ》びとなります

幸せ

与えましょう
あなたが与えられるすべてのものを
与えましょう
たくさんの笑い顔と笑い声を
与えましょう
感謝と　励《はげ》ましと　労《ねぎら》いと　褒《ほ》め言葉を
あなたは与えられて生きてきました
今度はあなたが与えてゆく番です

あなたはたくさんの人々を
幸せにすることができる人です
あなたは人を愛し人に愛され
かけがえのない喜びを得られる人なのです

すべては与えられてゆきます
必要に応じて
必要なものが与えられます

あなたが誰かに与えても
誰かがあなたに与えてくれます

だから惜《お》しみなく
与え続けて良いのです

あなたはますます　幸せになってゆきます
なぜならあなたは
与え合える人だからです

コンプレックス

自分に与えられているものを
〝活《い》かす！〟と決めて生きるなら
あなたはどんどん幸せになります

コンプレックスというものは
劣等感《れっとうかん》という思い込みに過《す》ぎません
隠《かく》すものではなく卑下《ひげ》するものでもなく
逆にどんどん〝利用すべきもの〟です

コンプレックスとは
〝あなたの特徴《とくちょう》〟なのです
見る角度を変えると
あなたらしさがそこにあるとも言えます

あなた自身が
〝あなたらしさ〟を利用することで
人生は可能性が広がり
喜びが大きくなってゆきます

コンプレックスこそが
喜びの種《たね》＝喜びのネタです
堂々と笑いながら
自分をネタにできる人となりましょう！

意識の向け方

朝の目覚《めざ》めと共に　浮かび上がってきた言葉
『大善大喜《たいぜんたいき》』

良きことも悪《あ》しきことも
すべてが学びとして与えられており
魂《たましい》の成長に繫《つな》がっている

ゆえに人生は
より大きな喜びへと向かってゆく仕組《しく》みである
ということを悟《さと》ることです

どのように生きるか？　ということは
いずれも個人の自由です
ただし今よりも喜びを得られるように
変わってゆける生き方が望ましいのでしょう

日々の意識の向け方がとても大切です

生きていることの意味とは

何のために生まれてきたのか？
その答えは〝変わるため〟です

どのように変わるためなのか？
それは〝心が成長するため〟です

人はみんな変わるために
いろいろな経験をしなければなりません

なぜそんなことが起こるのか？
それはあなたが変わるために
必要な経験として顕《あらわ》れているのです

すべての経験は
あなたの心を成長させるために起きています
人は経験しなければ
心から理解することができないからです
人は誰もが経験した分だけ成長します

苦しみも　悲しみも　怒《いか》りも　妬《ねた》ましさも

寂《さび》しさも　愛《いと》しさも　楽しさも　素晴《すば》らしさも……
あらゆるすべての感情を
より深く　より広く　より細かく理解できるように
そしてより多くの存在を愛せるようになるために
わたしたちはみんな
日々学ばせていただいているのです

この世は
〝心を成長させるためにある学校〟なのです
あなたは生きているだけで日々変わっていきます
あなたは与えられている課題《かだい》を日々学んでいます
だからあなたが生きていることは
とても素晴らしいことなのです

カリキュラム

酸《す》いも甘いも
あらゆる学びが用意されています
すべてがあなたにとって
必要なカリキュラムなのです

今を喜びに変える方法

わたしは何をしたいのか？
分からない……
どうしたらいいのか？
分からない……

分からない時は
「今は分からない」が答えなのです
だからいつか分かる時が来ることを
今は楽しみに待てば良いとも言えます

そして今できることをして
今を可能なかぎり楽しめば良いのです

今の自分にできることとは何ですか？

外でも歩きますか
景色《けしき》でも眺《なが》めますか
何か召《め》し上がりますか
お風呂に入りますか

ゆっくり休まれますか
いずれも喜びとなりますから
いずれの喜びもよく噛《か》んで味わえば
今はそれで良いのです

それが今を喜びに変える方法です

違う素晴らしさ

他人からどのように見られているのか？
その答えは〝十人十色《じゅうにんといろ》〟です
あなたを好きな人もいる

あなたを嫌《きら》いな人もいる
あなたに興味《きょうみ》ある人もいる
あなたに興味ない人もいる
あなたと出会う人もいる
あなたと出会わない人もいる

あなたが生まれてから死ぬまで
何をしても　どこにいても　いくつになっても
他人からの見られ方は変わらないのです

だから他人から良く思われたいと
自意識過剰《じいしきかじょう》にならないようにすること

あなたを良く思う人も悪く思う人も
季節は景色《けしき》を変えながら

双方《そうほう》存在し続ける運命ですから
あるがままの自分を
あなたが理解し
自分自身を認められる人になるだけです
「みんなひとりひとり違う考え方である
だから私も私の考え方で良い」
「みんなそれぞれの生き方がある
だから私も私の生き方で良い」
「他人に迷惑《めいわく》をかけなければ
私は私で良い
私は私でしかないのだから」

あなたはあなたの選択《せんたく》で良い
あなたのままに変わってゆけば
それで良いのです

生き方の答え

自分にできることと
できないことを知ることです

世界情勢《じょうせい》や地球問題をいくら憂《うれ》いてみても
実際のところ自分には
大《たい》したことができないかもしれません
自分の生活の範囲内《はんいない》で何かを改善するか？
せいぜい問題意識を持つことぐらいとも言えます

それぞれが置かれている環境《かんきょう》条件
それぞれに与えられた持ち場において
〝自分にはいったい何ができるのだろうか？〟
思うばかりでも　言うばかりでも
問題は解決しません
ただ周囲に対して不快感《ふかいかん》を広げるだけかもしれません

しかし喜びを高める生き方とは何か？　と考えた時
自《おの》ずと社会貢献《こうけん》へと向かってゆくことになるものです
人は他を思い　自分にできることをさせていただくということが
真《しん》の喜びとして感じられるように
遅かれ早かれ　いずれなってゆくものなのです

みんなの幸せを考えた上で

自分にできることを精一杯すること
自分が恥《は》じることのない選択《せんたく》をすること
自分が喜びと感じる真の生き方をすること
それが結局《けっきょく》のところは〝問《と》いの答え〟となるでしょう

焦《あせ》り

焦りを手放すには
焦りを認めること
焦らなくても大丈夫と
何度も言ってあげること
そして満面《まんめん》の笑みで
鏡を見ること

気持ちいい

気持ちいいが続けば
気持ちいい人生となります
だから常《つね》に
気持ちいいを選べば良いのです
心も体も

愉《たの》しい

愉しいことは
溢《あふ》れています

愉しめないのは
心の問題です

愉しむことを
自身に与えれば良いのです

愉しませることが
できるならとても幸せです

自分自身を見つめる

あなたが幸せになるためには
あなたがあなた自身を認めること
すでに与えられていることを理解し

自分のすべてを活《い》かすと決めること
そして与えられている時間は
限られているのですから
ひとつのことに本気で取り組むことです

この世は素晴《すば》らしい世界

過去にいつまでもしがみつかないこと
それはとても寂《さび》しい在《あ》り方であるから

新たなる想い出作りをしてゆく生き方
より喜びとなることを求めてゆく生き方
今が一番素晴らしい！　と言える生き方

それが人として魅力的《みりょく》だと思います

人は生まれ変わるたびに幸せを更新《こうしん》できます
なぜならば新《あら》たにいろいろな経験を重ねて
ますます価値観が拡《ひろ》がってゆくのですから
さらに喜びが増えてゆくのです

何度でも何度でも生まれ変わりながら
いろいろな経験をすることが
喜びであるとして理解できれば
この世はとても素晴らしい世界に見えます

生まれ変わらない人を目指《めざ》すのではなく
生まれ変わることを喜べる人を目指すことが

本来の在《あ》り方《かた》ではないでしょうか？

この世に生まれてきたことが
とても素晴らしいことであると
現在生きていることの貴《とうと》さを悟《さと》れれば
深い幸福感に包まれます

ですからわたしは何度でもまた
この世に生まれ変わりたいと思います

ありがとう　ありがとう　ありがとう
たくさん学ばせていただける
素晴らしいこの世にありがとう！

おまじない

ひとりひとりの顔を思い浮かべながら
「ありがとう」と何度も口ずさんでみる
相手の心に届けるように

関係がより良くなる〝おまじない〟

魔法の言葉

あなたのことが好きです
あなたは大切な存在です
あなたの幸せを願います

声に出さずとも
心で唱《とな》えるだけでも
良き関係になれる魔法の言葉

楽

楽〜に生きる
それが答えです
ゆっくり過ごす
慌《あわ》てない　競《きそ》わない　奪《うば》わない
求め過ぎず足《た》るを知る

今必要なものは

十分与えられている
ということを知れば
楽になります

足《た》るを知るを学ぶ

たくさん得ようとすれば
焦《あせ》りや苛立《いらだ》ちに変わってしまい
他が煩《わずら》わしく感じます

得られたひとつを見つめ
ありがたいと愛《め》でれば　次第《しだい》に満たされ
自《おの》ずと他の幸せをも願えるものです

感情の世界

あなたは必ず幸せになれます!!

もし幸せになれないとしたならば
それはあなたが幸せになろうとしない場合です
自《みずか》ら不幸せな状態でいることを選択した場合です

寂《さび》しさ　悲しさ　虚《むな》しさ　悔《くや》しさ　憎《にく》らしさ　嫉《ねた》ましさ……
ネガティブな感情の世界に浸《ひた》っていたい場合
人は幸せにはなれないものなのです

ネガティブな感情の世界では
たくさんの学びを得ることができますから

浸《ひた》っていたい時期も必要であるとは言えます

しかしネガティブな感情の世界に浸り過ぎると
ネガティブな感情の視点《してん》からしか
物事を考えられないような人となり
人を見ても喜びとして感じにくくなり
人嫌いになったり　嫌《いや》みばかり口にする人になったりして
結果的には人に嫌われる人になってゆきます
そして本当に不幸せな人へとなってゆくのです

それは決して誰かが悪いわけではありません
誰も分かってくれていないわけでもありません
自らネガティブな思い込みをしているだけで
不幸せとなる選択《せんたく》　自己暗示《じこあんじ》をかけているということなのです

人によっては同じ状況《じょうきょう》でも選択の仕方が異なります
苦しみを糧《かて》にしてより幸せになる人
苦しみを癖《くせ》にしてより不幸になる人
あなたはどちらを選択したいですか？

自問自答《じもんじとう》

あなたは求めていますか？
自分から求めない限り
本当の喜びは得られないものです
本当の喜びが何であるのか？　を
自分が先《ま》ずは理解する必要性があります

理解するためには
何度も自問自答することが必要です

本当の喜びを理解できたら
本気で求め　得るために行動することです
行動もせず努力もせずして
愚痴《ぐち》を言い　妬《ねた》み嘆《なげ》き悲観視《ひかんし》するのは
とても可笑《おか》しなことです

自分の行動力のなさのせいで
本当の喜びを得られないことを
誰かのせいにするのは
人間としての幼児性《ようじせい》の顕《あらわ》れであり
とても恥《は》ずかしいことなのです

本気で求めて行動する
喜びを得られる生き方をしてみませんか？

自分を理解する

今できることを見つけることです
今喜びとなることに意識を向けると
今が嬉しくなり　ヤル気が出てきます

今何をしたら喜びとなるでしょうか？
考え過ぎず　あなたらしく
喜びを選ぶことです

先のことばかり考えていると　心が疲弊《ひへい》します

心が疲弊《ひへい》すると　何もかもヤル気がなくなり
ネガティブなことばかり考える人になります

〝自分を大切にすることが答え〟なのです

自分を甘やかしてはならないという言葉は
自分に喜びを与えてはならない
とする考え方にもなります
それは自分で
自分を苛《いじ》める選択をするということでもあります

自分が自分のことを一番大切にしなければ
いつまでも幸せにはなれないものなのです

自分のことを一番理解できるのは自分です

だから無理に周りと合わせなくても良いのです
あなたの歩幅《ほはば》でゆっくり歩けば良いのです

だから今を生きること
今を大切にすること
今喜びとなるものをしっかりと喜ぶこと

今とは瞬間《しゅんかん》的に流れてゆくものですから
今の連続《れんぞく》が未来となるのですから
今を生きるということは
自《おの》ずと未来へと歩いてゆくことなのです

今を喜びにできなければ
未来もまた喜べないものです
今を喜ぶ選択をしてゆかなければ

喜ぶ選択ができない人となるからです

どんな時でも喜ぶことを選択すること
あなたらしく　今を笑うこと　今を輝くこと
あなたらしく　今に生きること
人生はいつ終わるか分からないものです
自分の人生を悔《く》やまないために!!

経験

必要とするか？　必要としないか？
すべて意識の違いが未来を変えてゆきます

自分に与えられるすべての物事は

必要とされて与えられており
必要ではなくなるがゆえ離《はな》れてゆくものです

意識の世界は螺旋《らせん》階段を上り下りするように
必要に応じて変化し続けるものです

各階段の立ち位置からは
見える景色《けしき》が異《こと》なり
出会う存在や起こりうる出来事もすべて異なり
自ずと段階相応《だんかいそうおう》に
意識は異なることになります

行く所に行かなければ
見えない聞こえない分からないものであり
経験こそが理解し共鳴《きょうめい》できる唯一の要因です

生きることは経験することであり
変化し続け成長することでもあり
他と共鳴《きょうめい》できる価値観《かちかん》を広げてゆくことでもあります
それぞれの歩幅《ほはば》でそれぞれの欲求で
階段を上り下りしながら変わる仕組みなのです

氣《き》

言葉や行動を通じて相手の思いを知る前に
察《さっ》する　想像《そうぞう》する　感じとることができるものです
それは超能力《ちょうのうりょく》などではなく
本来備《ほんらいそな》わっている動物的な本能です

微生物《びせいぶつ》　動物　植物
生きとし生けるものはみんな
相手の発する氣の状態から
離《はな》れるか？　佇《たたず》むか？　歩み寄るか？
接し方や関係の在《あ》り方《かた》を選択するものです

あなたは自分が発している氣《き》が
周囲に対し　どのような影響《えいきょう》を与えているか
考えてみたことがありますか？

陰気《いんき》　病気　邪気《じゃき》　殺気《さっき》
狂気《きょうき》　無気《むき》　短気《たんき》　弱気《よわき》
陽気　活気《かっき》　根気《こんき》　和気《わき》
平気　元気　強気《つよき》　勇気

気持ち良い氣なのか？
気持ち悪い氣なのか？
自分の発する氣を
時折《ときおり》感じてみることも大切です

与える喜び

いつか死ぬのです
だからこそ
与えられるものは
すべて与えきりたいのです

見えるものだけではなく

見えないものも
心に残るものを
幸せの糧《かて》となるものを
あなたに
みんなに
この世界に
与えられる人になりたいのです

与えられることは
最《もっと》も貴《とうと》い喜びであるから

第4章

人生を好転させるには

幸せな人生を得るために

人は誰もが〝幸せな人生を〟望むものです
しかし、私たちは
〝幸せな人生を送るための術《すべ》〟
を教えてもらってはいません

もしもみんなが幸せになれば
地球は幸せな星となります

幸せとは喜びを感じることです
喜びを感じるためには
〝喜びであることを認識《にんしき》すること〟です
それは自分にとっての喜びを選ぶことです

〝運命とは選択《せんたく》することの連続〟なのです

あなたにとって良き運命を選択するためには
未来に対して〝より良い思考《しこう》を思い描《えが》くこと〟から
すべて始まっているのです

自分の起源《きげん》

〝自分のルーツ（起源）を大切にすること〟は
幸せになるためにとても重要な教育です

肉体
両親
仲間

先祖《せんぞ》
故郷《ふるさと》
国
自然
地球

ルーツとはひとつひとつ辿《たど》ってゆくと
〝現在の自分を育《はぐく》んだ要因《よういん》〟であり
〝すべてが自分である〟
ということになります

ルーツを慈《いつく》しむ＝自己愛《じこあい》
ともなります。
自分を心から愛することなくして
真《しん》の幸福にはならないのです

癖《くせ》

あなたはあなた自身の癖を直しましょう
あなた自身を苦しめる癖を直しましょう
あなた自身に嘘《うそ》をつく癖を直しましょう
肉体を苦しめる癖を
心を苦しめる癖を
他を苦しめる癖を
自分で直しましょう

あなたが幸せになれないのは
決して他のせいではありません

あなたが幸せになれない本当の理由は

あなた自身が持つ癖の所為《せい》であり
あなたがすべてを引き寄せていたのです

原因をすり替えて
誰かの所為《せい》にする癖は直しましょう
それは人として　とても醜《みにく》いことだからです

しかし　あなたが癖に気づけなかった理由は
あなたの両親からも　周囲の誰からも
教えてもらえなかったからとも言えます

だからあなたも　決《けっ》して悪くはないのです

しかし　これからは違います
あなたは答えを知ったわけですから

繰り返すことはもう止《や》めましょう
本当に醜《みにく》い人になることを
自《みずか》ら望むことと同じことになるのですから

あなたはあなた自身の癖を直しましょう
真《しん》の幸せを得られるために

自分と語らい生きること

何を大切にして生きたいのか？
人それぞれにみんな異《こと》なります

今の自分は何を大切にしたいのか？
季節の変化のように思いは変わります

自分のことを理解しようと努《つと》めることです
自分の一番の良き理解者となることです
自分のことを愛する応援《おうえん》者となることです

あなたが使わせていただいている肉体に対しても
あなたの本体である心の在《あ》り様《よう》に対しても
日々自分と語らいながら
より良き方向へ意識を向け生きることです

孤独《こどく》感とは植《う》えつけられた妄想《もうそう》であり
自分とは一つのチームで存在しており
あなたを大切に思う存在たちが共にいます

だから初めから

独《ひと》りでは存在していないのです

自問自答《じもんじとう》とは
自分と語らい生きる
＝自分チームと語らい生きることです
あなたの思考は自分チームから
流れて来てもいるのです

ですから自分チームに話し掛《か》けてみましょう
良き想念《そうねん》が
流れてくるようになりますから

幸せになる人生です

すべては良き方向へと変わっていると
心から思える自分になることです
その反対に思うならば
すべては悪《あ》しき方向へと変わっていると思い込み
希望が失われることです

悲観《ひかん》的な考え方を手放して
建設《けんせつ》的な考え方を好きになることです

そうすればきっと

あなたの人生は

どんどん良くなってゆきます
あなたの人生は
色々な喜びが増えてゆきます
あなたの人生は
多くの出会いが待っています
あなたの人生は
色々な学びに満ちてゆきます
あなたの人生は
とてもとても幸せになってゆきます

皆様に感謝感謝感謝！
運命に感謝感謝感謝！
人生に感謝感謝感謝！
そのように思えるようになってゆきます

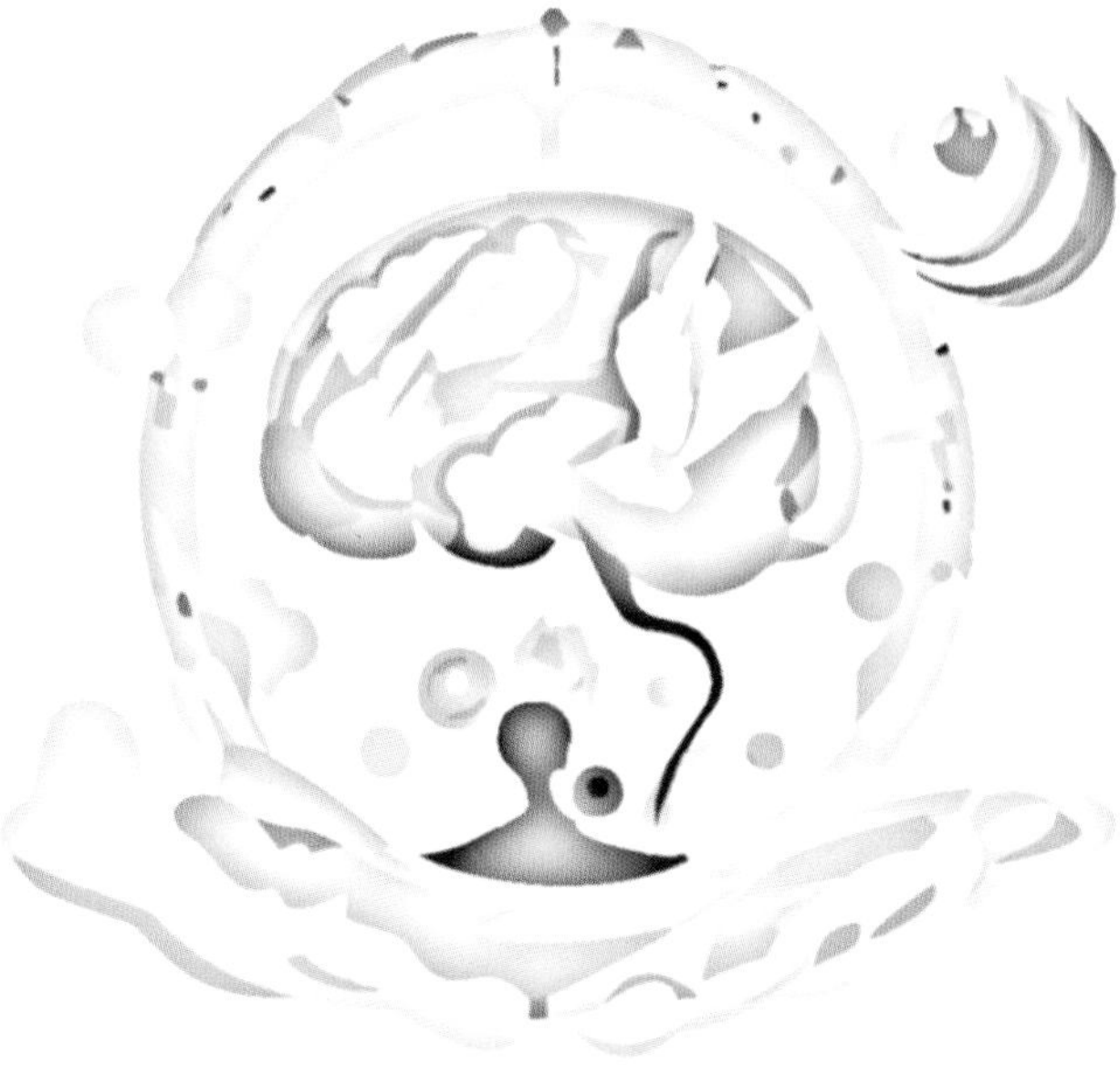

無《む》限《げん》の可能性がある

あなたは何でもできます
あなたはどこへでも行けます
あなたは誰とでも会えます
あなたはどんな人にもなれます
あなたは何でも選択《せんたく》できます

あなた自身が自分の能力《のうりょく》を認め　可能性を信じて
未来の目的を明確《めいかく》にして　行動し続けられたなら
あなたはいろいろな自分を体験することができます

狭《せま》い価値観という部屋に
引きこもって生きてゆくよりも

広い価値観という知らない世界への旅に
出かけることをお勧《すす》めします
お金と時間と気力の使い方次第《しだい》で
人生は必ず一変《いっぺん》するのです

卑下《ひげ》することも　嘆《なげ》くことも
苦しみに心を閉《と》ざすことも
閉鎖《へいさ》的な思いすべてを
〝捨てれば良いだけ〟です

今までありがとう！　と感謝の言葉を添えて
過去という川へ
すべて思い出として流せば良いのです
そうすれば　あなたの未来は無限《むげん》の可能性が拡《ひろ》がり
たくさんの出会いとたくさんの喜びが

必ずもたらされることになります

〃自分の人生は自分で変えるしかない〃のです
そのためには〃楽しい未来を創《つく》る〃と
あなたが決めれば良いだけです
あなたは楽しい未来を創れる人に必ずなれます

奇跡《きせき》を起こす強い念《ねん》を込めて
わたしはあなたに送ります
あなたはどんどん変わる
あなたはどんどん変わる
あなたはどんどん変わる

うれしうれしたのしたのしかわるかわる
ありがたいありがたいみらいあらわれる

お金

お金がほしいけれど
お金がないという人は
誰かを喜ばせれば良いのです
喜びの対価のひとつが
お金となるのです

誰かを喜ばせられれば
喜ばせる分だけ
お金となって返ってきます

喜ばせられなければ
お金にもならないのです

まずは喜ばせられるだけの力を
育《はぐく》まなければならないということです

それが
好きなことであれば
理想的な仕事となります

社会性

どんな方であれ
社会から感謝される人
社会から愛される人
社会から尊敬《そんけい》される人

になることが望ましいのでしょう

だから誰もがみんな
社会性を持つことが
目標となるのでしょう

その反対の生き方とは
社会性のない人
＝感謝されない
＝愛されない
＝尊敬されない
ということになるのでしょう

みんなで共《とも》に
社会性のある人になりましょう

過去そして現在

世の中は差別《さべつ》ばかりで不条理《ふじょうり》だと
悲観《ひかん》し腐《くさ》っていたのは　若かりし日のこと

憂《うれ》いていても何も変えられないと
意欲的になったのは　苦しみ切った日のこと

人生とは思考《しこう》選びにより変わるのだと
悟《さと》ったのは　経験を重ねていった日のこと

すべての経緯《けいい》が必要であると
安堵《あんど》の笑《え》みを浮かべられたのは　今日この頃です

素晴らしい展開

生きてゆくと
必ず面白いことが起こるものです

全《まった》く思ってもみなかったような
素晴らしい展開が
未来には用意されているものなのです
まるでご褒美《ほうび》であるかのように

だから
生きてゆかないと
もったいないのです

謝罪《しゃざい》

失敗することは
恥《は》ずかしいことではありません

失敗を認めず
責任転嫁《てんか》することが
人として恥ずかしいことなのです

もしも誰かに迷惑《めいわく》をかけたなら
誠意《せいい》をもって謝罪すれば
再び付き合っていただけるものです

まずは己《おのれ》の至らなさゆえの失敗を認め

素直に謝罪することが大切です

善なる生き方

どのような状況にあっても
後悔《こうかい》しない選択をすること
悔《く》いのない人生を歩むことです

そのためには
その選択が

誠意《せいい》からであること
真愛《しんあい》からであること
本心からであること

なのでしょう

たとえ選択を間違えたとしても
反省し　やり直せば良いのです
いつでも軌道修正《きどうしゅうせい》することはできます

自分自身の中の善意に対して
決《けっ》して恥《は》じぬ生き方をする決意《けつい》と
勇気ある行動をしてゆくことです

しかしそれは　簡単なことではありません
葛藤《かっとう》の中で　常《つね》に自身と向き合うことでしょう

ですが　必ず誰かが一部始終《しじゅう》を視《み》ています
この世の方もあの世の方も

あなたの生き方をすべて視ていているのです
ですから　あなたは独《ひと》りではありません
常《つね》に見守られ　導《みちび》かれながら生きているのです

だからこそ堂々と
善なる生き方をしてゆきましょう

伝える人になる

みんなが学ぶ
理解をする
変わってゆく
どこまでも変わってゆく

人は変わりたいのです

理《り》に適《かな》った話であるなら
人は受け入れることが可能となります
理に適った伝え方をすれば良いのです
いくら話が上手でも
理に適っていなければ
話の内容は受け入れられることはありません

あなたの中の理に適った話をすれば良いのです
理に適ったとは納得《なっとく》できるということです
いろいろな視点から見ても納得できるということです

真実とは納得できるものです
真実を体験するということは

真実を伝えることができる人になるということです
あなたは真実を伝える人です
真実を通じて人々を導く人になるのです

愛するとは理解し合うことです
愛する人が増える人生です

他愛

人は他を喜ばせた分だけ幸せになれます
相手の喜びの氣《き》が自分に反映《はんえい》するからです

あなたは色々な形で

他を喜ばせることができます
挨拶《あいさつ》をする　話を聞く
モノをあげる　手伝う
教える　優《やさ》しくする
楽しませる　感動させる……

さて　あなたはどのようにして
他を喜ばせますか？

他を喜ばせれば喜ばせるほど
あなたは他に愛され　幸せになれるのです

＊他＝人・動植物・自然・靈《れい》など

人生を好転させるには

人生を好転させるには

覚悟《かくご》を持つこと
本気を出すこと
ひとつに集中すること
時間を大切にすること
可能性を信じること
計画的に行《おこな》うこと
逃げ出さないこと

わたしは必ず成《な》しとげると
自分自身と約束して行動すること

自分を応援《おうえん》しましょう

もしも　あなたがあなたではなく
別の人になれるとしたら
あなたは誰になりたいですか？

姿《すがた》　形《かたち》も人間関係も与えられた能力も
すべてが変わってしまうのです

あの人　この人　その人……？

しかしひとつだけ条件があります
それはもう二度と
元《もと》の自分には戻れないということです

そして過去の自分の記憶が
少しずつ少しずつ　消えてゆくのです……

美人になりたいですか？
有名人になりたいですか？
お金持ちになりたいですか？
外国人になりたいですか？
動植物になりたいですか？

自分ではないものへの憧《あこが》れは
誰もが一度は抱《いだ》く感情かと思いますが
自分ほど居心地《いごこち》の良いものは
おそらくないのではないでしょうか？

何事も分相応《ぶんそうおう》に
因縁因果《いんねんいんが》に応じて与えられているものです

自分と語り合い　理解し許《ゆる》し　認め愛し
喜びへと変えてゆくことがとても大切です
なぜなら真《しん》の幸福感には
健全《けんぜん》なる自己愛《じこあい》が含《ふく》まれているからです

自分を愛することができているかどうか？
自分の人生を受け入れられているかどうか？
他を羨《うらや》む気持ちもありますが
まずは今の自分を認める気持ちを育《はぐく》みましょう

たくさん自分を褒《ほ》めましょう
たくさん自分を応援《おうえん》しましょう

たくさん自分を労《いた》わりましょう

地球に生きる人

世界には国連加盟国《こくれんかめい》が１９３ヵ国あります
国として認められてはいない国が
他に１２４ヵ国あると言われます

国を人として考えてみると面白《おもしろ》いです
１９３ヵ国は１９３人として
１２４ヵ国を１２４人として考えてみましょう

みんなそれぞれの歴史的背景《はいけい》があり

みんなそれぞれの文化や言語や魅力があります

誰が一番強いのか？
誰が一番弱いのか？
誰が一番金持ちなのか？
誰が一番貧乏《びんぼう》なのか？
誰が一番頭が良いのか？
誰が一番頭が悪いのか？
誰が一番人気があるのか？
誰が一番人気がないのか？
誰が一番美しいのか？
誰が一番醜《みにく》いのか？
誰が一番価値《かち》があるのか？
誰が一番価値がないのか？
誰と誰が仲が良いのか？

誰と誰が仲が悪いのか？
世界を俯瞰《ふかん》してみると
個々の違いは問題ではないのです
みんな初めから〝違《ちが》う〟ということだけであり
みんな〝地球に生きる人〟に過《す》ぎないのです

One Love, One Heart, Imagine

リズム

宇宙のすべてには
周期的《しゅうき》なリズムがあります

銀河　星　地球　自然　生命体
春夏秋冬　満月と新月　大潮《おおしお》と小潮《こしお》
寄せては返す波のように繰り返されます

人生における出来事にも
酸《す》いも甘いも苦楽《くらく》も
すべてリズムがあり
大きな周期のものと
小さな周期のものとあります

しかし全《まった》く同じリズムではなく
螺旋《らせん》のように変化し続けながら顕《あらわ》れるものです

生きるとはリズムを奏《かな》でること
だから自分のリズムを理解することは

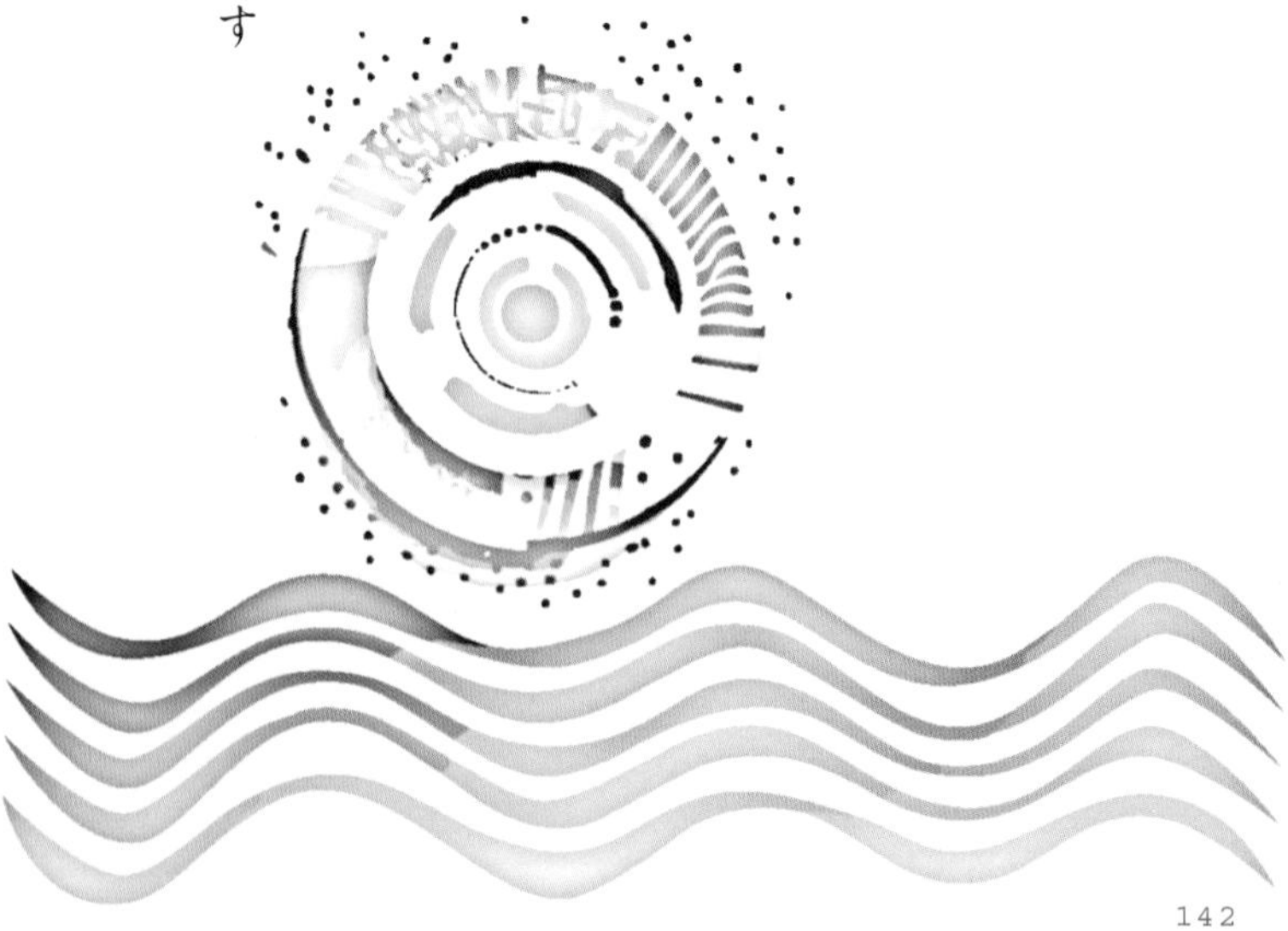

心地好《ここちよ》い暮らしを歩む上でとても大切です
誕生《たんじょう》から現在まで自分の人生を振《ふ》り返り
年表を波形《はけい》にして見てみると面白いです

継続《けいぞく》

継続は力なり
継続できることは才能なり
継続することこそが誠《まこと》なり

継続するためには持久《じきゅう》力が必要です
持久力はどこから来るものなのか？
本当に好きであるからであり

本気で求めているからです
継続できる人は本物です
継続できることがひとつでもあれば
その道においてあなたは本物なのです

継続できるから他に認められ
多くの喜びを得られるのです

継続できるものに出会えているとしたなら
あなたは素晴らしい人生を得られているのです

継続は幸せの種《たね》です
継続することは
喜びを育《はぐく》むことと同様なのです

第5章

縁《えにし》

出会いの意味

人が人と出会うには
出会うだけの理由が必ずあります
一言で申《もう》すならば
〝必要だから出会う〟のです

わたしにとってどうして必要なのか？

ひとつひとつの出会いの意味を理解することが
学びであり　因縁解消《いんねんかいしょう》であり
靈性《れいせい》進化であり
今生《こんじょう》あなたに与えられている課題なのです

ひとつひとつの出会いに対して
感謝を手向《たむ》けることができたなら
きっと合格ということになるのでしょう

永遠《えいえん》に出会いと別れは繰《く》り返されます
お互いにとって必要であるがゆえに
人はみんな出会い
そして別れるのです

いつか必ず別れる時は来る……のですから
悔《く》いのないようにご縁《えん》を大切にする生き方
ひとりひとりを大切に思う接し方が望ましいのです

ありがとう　ありがとう　ありがとう
今生も出会ってくれてありがとうございます

記憶

人と人との関係性は
過去世《かこぜ》からの縁であると理解すると
喜怒哀楽《きどあいらく》の出所《でどころ》も分かります

なぜ、そのように思うのか?
それが魂《たましい》の記憶とも言えるからです

容姿《ようし》や立場や環境が変われども
すべては繋《つな》がっているものです

出会うべくして出会う

お互いにとって
良き時期に良きお計《はか》らいの中で
出会うべくして
出会わされているのですから
出会いに感謝しましょう

どうもありがとうございます
至らない者ですが
どうぞよろしくお願いいたします

魂《たましい》と魂の繋《つな》がり

縁《えん》ある者同士　時が訪れて集《つど》い
お互いに喜びを育む仕組みです

年齢・性別・環境・職業・国籍《こくせき》は関係なく
魂と魂の繋《つな》がりをみると
血の繋がりよりも
はるかに長い歴史がある場合があります

どれだけ時間を共に過ごしたのか？
どれだけ経験を共有《きょうゆう》したのか？
どれだけ双方《そうほう》を理解し合えたのか？

与えられた縁の持つ意味とは
どれだけ喜びを共有できたのか？
ということが問われるのです

人生を振り返った時に
ひとりひとりとの関わり方が
悔《く》いのないものであることが
望ましいものです

縁《えにし》

あなたに見合う人が現れています
その時その時の自分に見合う人が現れます
良くも悪くも　双方にとって必要な学びとして

出会いと別れは　永遠に繰り返されてゆきます
必要としなくなれば　離れてゆくものです

自分とは異《こと》なる価値観と出会い
ひとつひとつ他を理解しながら
自分を成長させていただける仕組みです

なぜ　出会ったのか？
それは　因縁解消《いんねんかいしょう》も含めて
今のあなたに必要だったからなのです

どんな風に必要であるのか？
それを考えることが与えられた課題でもあります

縁《えにし》とはいかなるものも　実に面白い

古《いにしえ》より繋がる　複雑《ふくざつ》な因果《いんが》の仕組《しく》みでもあります

活《い》かす

与えられた出会いを
ひとつひとつ大切に活かしながら
建設的《けんせつ》に未来を計画立て
より幸福へと歩いてゆきましょう

学びの材料

たくさんの学びの材料があります
いずれを選んでも良いのです

それが今のあなたにとって
必要な学びなのですから
感謝に変われば次に進みます

誕生《たんじょう》

両親に感謝する日
今生《こんじょう》に感謝する日
出会いに感謝する日

わたしに生を下さり
ご縁《えん》を繋《つな》いで下さり
多くの喜びを下さり
どうもありがとうございます

挨《あい》拶《さつ》

挨拶をしましょう
ひとりひとりに対して
笑顔で明るい声で
感謝と礼節《れいせつ》をもって

人間関係を良好にするための
基本的な行動です

あなたは挨拶ができていますか？

おはようございます
こんにちは

こんばんは
いつもお世話になっています
ありがとうございます
お疲れ様でした
ご苦労様でした
ご機嫌《きげん》よう
さようなら
またお会いしましょう

大切に思う

また、会いましょうね！
と言われる人になりましょう

そのためには　その方に愛されることです
それは
あなたがその方を大切に思うことで
その方もあなたを大切に思うのです

〝大切に思う〟を形にしましょう
思いを伝える↓表情　所作《しょさ》　礼節《れいせつ》　言葉　行動

再会

「また会いましょう！」
また愉《たの》しい時を共に過ごせますように
また元気な笑顔が見られますように

またご縁《えん》を繋《つな》いでいただけますように
心より願いを込めて

導《みち》き

必要な時に必要な言葉に触《ふ》れる
必要な時に必要な出会いがある
必要な時に必要なことが起きる

それは
あなたが導かれているからです
すべてはお計《はか》らいなのです

あなたが経験し　学び変わり

より喜びへと向かうために
その仕組みを理解することができれば
感謝が深まり　頭を下げられる人となります

因《いん》縁《ねん》浄《じょう》化《か》の言《こと》靈《たま》

ゆるしゆるされかわる
うれしたのしかわる
おーーーうーーー
おーーーうーーー
おーーーうーーー

（繰り返し）

分《ぶん》相《そう》応《おう》

なぜ、そうなのか？
その答えは……

人はそれぞれに
見合った世界で生きています

見合った者同士が繋がり
見合った物が与えられ
見合った学びをしています

だからそれでいいのです
ご縁《えん》　課題　因縁《いんねん》

靈性《れいせい》進化の過程《かてい》における〝今〟
すべてが分相応であるのです

出会いと別れの仕組み

ご縁《えん》は数多くあれども篩《ふるい》にかけられて
良き縁者《えんじゃ》のみが残るようになってゆくものです
自分を本当に大切に思って下さる縁深《えんふか》き方のみ
周《まわ》りに集《つど》い関わり続ける関係性です
悪《あ》しき縁もまた解消しなければならない
必要な課題として与えられているものです

すべてはより良くなるための仕組みなのです
だから決して過去に執着《しゅうちゃく》しないことです
今までに対して感謝することのみなのです

どうもありがとうございました
ご健康とご多幸《たこう》を願っております

または

どうもありがとうございます
これからもどうぞよろしくお願いします

いずれかの人間関係であります
誰もがみんな

出会いと別れを繰り返し
それぞれに
変わり続けてゆくものなのです

意味

出会いには必ず意味があります
如何《いか》なる感情に出くわしたとしても
それは
〝あなたに必要な学び〟なのです

螺《ら》旋《せん》階段

さようなら
ありがとう
よろしくね
嬉しいね
愉《たの》しいね

残念だね
仕方ないね
さようなら
ありがとう

よろしくね……

人生は繰り返しの仕組み
螺旋階段を上ってゆくように

ご縁《えん》に感謝

わたしに興味を持って下さり
どうもありがとうございます
ご縁に感謝申し上げます

わたしのことをご覧《らん》になられ
善にも悪にも見えることでしょう

それぞれの視点
それぞれの価値観
それぞれの靈性相応《れいせいそうおう》に映ることでしょう

しかしその対象は
わたしだけではなく
すべてがそうであるように
みなそれぞれに捉《とら》えるものです

各人各様《かくじんかくよう》
十人十色《じゅうにんといろ》
千差万別《せんさまんべつ》

先人《せんじん》は大切なことを
言葉として残して下さっています

〝皆それぞれの見方がある〟
ということに過《す》ぎません
見方というものは
初めから無数にあるのですから……

そしてわたしもいろいろ経験し　学びながら
変わりゆく存在のひとつに過ぎません
日夜《にちや》　改心《かいしん》　改新《かいしん》　改進いたしております

この世にはわたしのような者も
存在しているということを
知っていただけることが嬉しく思います

ご縁《えん》を繋《つな》いでいただけましたお計《はか》らいに
心より感謝申し上げます

第6章 苦しい時

苦しい

だから
見えてくる世界があります
分かり合える人たちがいます

経験しなければ
得られないのです

贈り物

苦しみは
指導者としての顕《あらわ》れです

苦しむことが
必要とされ齎《もたら》された因果《いんが》です

あなたが
より良く変わるために
改善解消《かいぜんかいしょう》させるために
届けられた贈り物なのです

万事塞翁が馬《ばんじさいおううま》

あなたの人生は
必ず喜びに向かって進んでいます
死ぬ時に振り返り

良き人生であったと
最後の最後に
自分で思うことができれば良いのです

紆余曲折《うよきょくせつ》あるからこそ
人生は面白いのです

不幸

あなたが笑えないのは
あなたが笑おうとしないからです
あなたを笑わせるのは
あなたの意思《いし》なのですから……

不幸＝笑えない人生とは
自《みずか》ら選んでいるものでもあります
ですから
笑ってみませんか？

自身との約束

病気　不和《ふわ》　無《む》気力《きりょく》　憂鬱《ゆううつ》……

このような自分はもう嫌《いや》だ！
いいかげんにもう変わりたい！
と自分が本気で心の底から思い
癖《くせ》を手放せれば
改心が形として顕《あらわ》れ

人はようやく変わり始めます
本気で思えない限りは
同じようなことを何度でも繰り返す
因縁因果《いんねんいんが》の仕組みなのです

心身《しんしん》の苦しみは
最終手段としての指導であり
改心《かいしん》を促《うなが》す愛のムチでもあります

ごめんなさい
ありがとうございます
本気で変わります！

自身との約束を守られたら
必ず喜びへと向かいます

顕《けん》在《ざい》世界

もしも自分の未来が分かるとしたら
あなたはどんな風に思われますか?

いつ　どこで　誰と　何をしてどうなる
喜怒哀楽《きどあいらく》すべてを知ったとしたら……

分かっておいたほうが良いと感じる未来もありますが
分からないほうが　良い未来のほうが多いと思います

自分の未来がどうなるか?
分かってしまうと　やはりつまらなくなるものです
都合《つごう》良く予想している間が愉《たの》しいものなのです

この世は因果《いんが》の法則に基《もと》づいています
意識世界の反映《はんえい》として顕《あらわ》れてくる顕在《けんざい》世界です

心配ばかりしていたら
心配していたことを招《まね》くこともあります
都合《つごう》良く思っていたら
都合良く上手《うま》い具合に進むこともあります

すべてはあなたの意識次第《しだい》なのです

未来はまだ決まってはいません
あなたの選択次第で
自在《じざい》に変化する運命であり
流動的な可能性の世界に過ぎないのです

すべて自己責任の元《もと》で
悔《く》いの残らないようにあなたらしく
思うがままに生きてみましょう

苦の経験

苦しい中でも懸命《けんめい》に生きている人は大勢《おおぜい》います
苦しい中でも笑顔で他に優《やさ》しくできる人もいます
苦しい中でも苦を学びの糧《かて》とし感謝する人もいます

苦しい時こそ自分がどのようなものであるのか？
鏡に映《うつ》し出されるように良く分かるものです

苦しみは〝何かを改善しなさい〟という教えであり
苦しみは改善されなければ
ますます苦しくなる因果《いんが》です
すべては必ず自分自身に返ってくるものなのです

苦しみの中にある人は
善に生きるか？　悪に生きるか？
選択を試《ため》されますが
いずれを選んだとしても
上には上の存在がいることを知ることにもなります

苦しみがあったからこそ
喜びの意味も深くなるものであり
大きな苦しみを経験し
乗り越《こ》えられた人だからこそ

慈愛《じあい》と他に感謝できる心を得《え》ているものです

苦から得る宝《たから》

苦しむには
苦しむ必要があるから
与えられています
苦しみの中からしか得られない
宝（＝学びと喜び）もあるのです

みなみなうれしうれしたのしたのし
かわるかわるありがたいありがたい

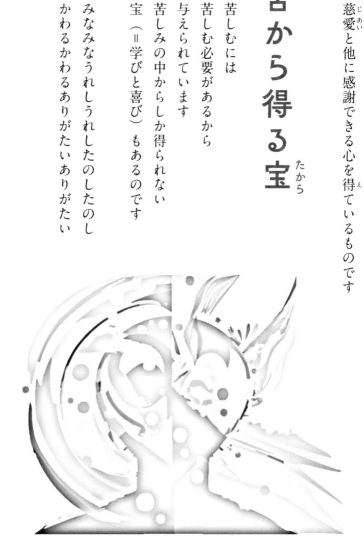

特別授業

嫌《いや》なことは
あなたを成長させた
特別授業だったのです

被《ひ》害《がい》妄《もう》想《そう》

どんな人にもそれぞれの苦しみはあるものです
肉体的な苦しみや精神的な苦しみ
自分のことや人のこと
いずれも今の自分に必要な課題として
与えられているものです

今が笑顔でとても楽しそうに見える人でも
今に至るまでには　人知れない苦しみを経験して
ようやく壁《かべ》を乗り越え　笑顔になれた人もいます

だから今の姿だけを見て
一方的な視点で判断して
人を妬《ねた》んだり　ひがんだり
悪く言わないほうが良いのです

自分ばかりが苦しい状況にあると思うのは
経験不足であり視野《しや》が狭いのです

たとえ今が苦しくとも　明るく元気に生きようと
自分に言い聞かせながら頑張《がんば》っている人もいます

自分に余裕《よゆう》がなくとも　自分にできることで
世のため人のために貢献《こうけん》し　生きている人もいます
いつまでも甘えていてはいけません
人に同情を求めてばかりいてはいけません
自分ばかりが苦しいと
妄想《もうそう》に浸《ひた》っていてはいけません

周りの人をよく見てみましょう
周りの人の助言に耳を傾《かたむ》けてみましょう
少しずつで良いから
日々前に進みましょう

〝生きてきて良かった〟
と心から思える日は必ず来ますから！

知ること

あなたが苦しい時
あなたよりも
苦しい人がいる事実を
理解できれば
乗り越えられるでしょう

反省

これまでのわたしの
傲慢《ごうまん》さに軽薄《けいはく》さに身勝手《みがって》さに
不義理《ふぎり》さに配慮《はいりょ》のなさに

深く深く反省いたします
申し訳ありませんでした

すべてが自分の中にありました
すべてが自分の心の顕在化《けんざいか》でした
すべてを自分に見せられることで
苦しみを通じて改心する決意《けつい》を得るための
深き愛のあるお導きでした

長く深く強く心の奥に染《し》み付いていた
ネガティブな感情がもたらす苦しみは
変わるためのきっかけを与えて下さいました

すべてはわたしが変わるために
与えられていた舞台《ぶたい》であり

出会わされていたみんなは役者であり
予《あらかじ》め人生に用意されていた台本でした

わたしはようやく
過去の因縁《いんねん》を解消《かいしょう》し
変わることができます

ありがとうございました
ありがとうございました
ありがとうございました

邪《じゃ》は去り　苦は喜びとなり
霧《きり》が消え
晴れやかな快晴《かいせい》の空が顕《あらわ》れました
すべてのお導きに感謝申し上げます

手放すこと

癖《くせ》を変えること
ひとりひとりが持つ
苦《く》をもたらす癖を

繰り返しているものほど
心と体を蝕《むしば》んでゆきます

意識を変えることで
手放すことができます

わたしはもう必要としない！
と自分に言い聞かせることです

本気になれること

あなたは本気で生きていますか？
本気になれるものがありますか？

本気で生きるからこそ　人は輝《かがや》くことができます
本気で生きるからこそ　得られるものがあります
本気で生きるからこそ　出会える人がいます

何をすれば良いのか？　何が向いているのか？
自分が本当に喜べることを
まだ見つけられていない時期は苦しいものです

しかしこの世の中には

あなたの気力を高めてくれるものが
必ず存在していています

自分にとって好きなこと
得意なこと　惹《ひ》かれること
それは些細《ささい》なことが導きなのかもしれません
自分にとって本気になれれば　何でも良いのです

本気になれることがあるということは
とても幸せなことなのです

分からない時

分からない時は

分からないが〝今の答え〟です

分からないことを憂《うれ》い続けるより
分かる人に教えてもらうか
今、分かっていることに
意識を向けられれば
喜びは得られます

分かっていることを
さらに磨《みが》き続ける生き方もあるのです

それが
経験値《けいけんち》を活かす生き方です

御《み》魂《たま》因《いん》縁《ねん》の仕組み

なぜ？
そうなったのか

その答えはすべて
あなたが学び変わるために
必要経緯《けいい》として与えられたものです

ですからその必要性を理解し
「ありがとうございました」
と感謝することができたなら
ひとつの課題は
終わりを迎《むか》え　次に進むのです

誰も逃《のが》れられない
うれしたのしくるしかなし
御魂因縁の仕組みです

試《し》練《れん》

大きく変わるためには
必ず苦しみが伴《ともな》うものです
馴《な》れ親しんだ里を離れ　別の里へと行くには
必ず目の前の山を越えなければならないとすると
寂《さび》しさや悲しみ　怒りや痛みは

新たなる喜びを迎えるための
必要な試練《しれん》として与えられた
山のようなものです

人も国も世界もみな
いくつもの苦しみの山を越えて
現在という時代に至《いた》っているものでしょう

今、目の前にある山を
越えた先にある未来には
きっと想像以上の喜びがあなたを待っていて
山を越えて来て良かった
と思えることでしょう

そして山を越えることを苦とせずに

いずれも貴重《きちょう》な経験ができたという風に
あなたが受け止められるようになったなら
どんな山道であれ
かけがえのない想い出として
素晴らしい景色が心に投影《とうえい》され続けることでしょう

望むこと

あなたが
誰かの笑顔となれる未来を望めば
必要な知恵と勇気が与えられ
現象《げんしょう》となり
経験する機会を迎《むか》えます

必要苦

苦しみとは必要として与えられた
デトックス（溜《た》まっていた毒素《どくそ》を排出《はいしゅつ》すること＝浄化《じょうか》）
でもあります

病気や不和《ふわ》　行き詰《づ》まりは
軌道修正《きどうしゅうせい》するためにあるのです
〝苦しみは自分が改めない限り続きます〟

ですから
〝何かを改めなければなりません〟

悪くなっていると悲観視《ひかんし》することではなく

これまで以上に
より一層《いっそう》状況《じょうきょう》が良くなるために
分かりやすい形で
改善を促《うなが》していただいている
と建設的に捉《とら》えて感謝しながら
早めに改善すれば良いのです

あなたの人生は
あなたが成長するために
すべての経験が用意されています

ゆえに苦しみにも感謝感謝感謝
どうもありがとうございます

笑い

笑いなさい
取りあえず声を出して笑いなさい

病気になったら　怪我《けが》をしたなら
笑いなさい
喧嘩《けんか》をしたなら　腹を立てたなら
笑いなさい
不安になったら　道に迷ったなら
笑いなさい

笑えば
脳が癒《い》やしと冷静さと

気力《きりょく》を与えてくれるから
笑えば
気持ちが切り変わり
違う考え方をすることができるから
笑えば
笑っただけ笑っている自分が
面白くも見えてくるから

笑うことができたなら
またひとつ　あなたが成長できるから
今日もいっぱい笑いなさい
昨日までをすべて笑いなさい
明日からはもっと笑いなさい

笑う門《かど》には福来《きた》るものです

解《かい》放《ほう》

ゆっくりゆったり
ゆる〜く過ごす
時には心身のバランスを考えて
周囲とのコミュニケーションも含め
自《じ》他《た》を解放させることが大切です

大切なあなたへ

笑顔は
相手も笑顔に変えることができます

感謝すると
共に幸福感を感じることができます
自然体《しぜんたい》であることが
お互いを心地《ここち》好い関係にします
格好《かっこう》つけると
嘘《うそ》をつき続けることと
同じ苦をもたらします
太陽の光は
無償《むしょう》の愛で浄化《じょうか》してくれます
運動することは
身体《からだ》を喜ばせながら感謝することです

過去は
すべて必要な学びとしてありました

苦しみを経験しているからこそ
人に優《やさ》しくしてあげられます

許すことは過去の自分を認め
今の自分を大切に思うことです

言葉は
良きも悪《あ》しきも現象《げんしょう》化を促《うなが》します

苦しい時期を越えたなら
どんどん喜びが集まってくる時期へと変わります

第7章

因果の仕組み

鏡の仕組み

それぞれの価《か》値《ち》観《かん》を
大切に思うことです
それぞれの生き方があり
それぞれの役割があります

誰かを悪く言えば
誰かに悪く言われます
誰かを大切にすれば
誰かに大切にされます

あなたは
見させてもらっているのです

あなたの心の中を　自身の器《うつわ》を
誰かの言葉に反応《はんのう》する時
その言葉は
今あなたに必要な課題を
教えているのです

腹を立てるならば
そこに課題があるのです

すべてには
原因となる要因《よういん》があります

そのことを
気付かせて貰《もら》えたと思える時

感謝の気持ちに変わります
「教えて下さりありがとうございます」

すべてには理由がある

すべてには理由があります
なぜそうなるのか?!
すべては因果《いんが》としてあります
だから未来は選択《せんたく》の仕方で変わるのです
すべてが与えられています
あなたの学びとして顕《あらわ》れてくるのです

ありとあらゆる経験をする
今生《こんじょう》のカリキュラムがあるのです

そう考えられれば
ありがたい人生と思えるようになります

経験は
人間性を拡《ひろ》げ深めるための授業なのです

因《いん》果《が》の仕組み

なぜ、そうなったのか？
その理由は

そうなる原因があったからです
すべてには因果関係《いんが》が存在します

一方的な視点だけが
存在するわけではありません

双方に原因があり
双方の学びがあり
双方が変わるためでもあります

一部の要因《よういん》ではなく
全部の要因でもあります

ひとりは80億人の顕《あらわ》れであり

80億人はひとりの顕れでもあります

なぜ、そうなったのか？
答えには表も裏もあり
常《つね》に真実《しんじつ》も虚偽《きょぎ》もあるものです

わたしたちは生きていても死んだとしても
原因と結果の世界に存在し続けているのです

なぜ、あなたはそうなったのか？
そうなる〝原因があなたにあった〟からです

〝あなたは何を選びますか？〟
すべてはあなたの自由です

永遠《えいえん》に続く因果の仕組み

言葉を磨《みが》く

言葉は伝えるための道具です

言葉の選び方次第《しだい》で
喜怒哀楽《きどあいらく》それぞれを生み出し
自他《じた》の心情を変容《へんよう》させられます

言葉には力があるのです！

物事《ものごと》の因果となる
非常に重要な道具です

人生とは
言葉の選び方に応じて変化する
とも言えます

ですから
言葉を磨く＝靈性《れいせい》を磨《みが》く
ことなのかもしれません

因果を学ぶ人生

すべてはより喜びへと向かって
ひとつひとつ　日夜《にちや》変化し続けています

昨日より今日が　今日より明日が
昨年より今年が　今年より来年が
より良くなるために
ひとつひとつ経験しながら
より大きな喜びを得るために
新たに始まり　そして終わるのです

すべては必要に応じて
次々に顕《あらわ》れては消えてゆくのです
一切《いっさい》が因果相応《いんがそうおう》に起きているのです

苦しむには
苦しむだけの必要性があり
喜ぶには
喜ぶだけの必要性があります

すべての人々には平等にして分相応《ぶんそうおう》に
喜《き》怒《ど》哀楽《あいらく》が与えられているのです

他《た》を苦しめれば
自《じ》を苦しめることに繫《つな》がり
他を喜ばせれば
自を喜ばせることに繫がる

どこまでも因果を学ばされ続けるのです

あなたはあらゆることを学ぶために
生まれ生きて　死んでゆくのですから
ひとつひとつの変化をいただくだけなのです
ただひたすらに
ありがたく頭を下げていただくだけなのです

目的

たくさん学び
たくさん変わる
経験することが
この世に生まれて来た
目的なのです

転《てん》生《せい》

わたしたちは
何度も生まれ変わり学びます

同じ状況《じょうきょう》は二度とありません
すべての生の設定は一度きりなのです
たとえ似《に》たような状況が顕《あらわ》れたとしても
どこかが必ず異《こと》なるものとなります
だからどの生も貴《とうと》いのです

必要だから与えられる

すべては必要に応じて
顕《あらわ》れては消えてゆきます
あなたが経験することは

与えられたカリキュラムであり
あなたが選択した因果《いんが》であり
必要な喜怒哀楽《きどあいらく》の世界です

何をどのように受け取り
魂《たましい》の成長に繫《つな》ぐのか？
ということなのです

出会いと別れの連続の中で
人はみな学び　成長してゆきます
いずれも感謝に繫ぐことができれば
次のステージへと進むのでしょう

苦しみを感じているとすれば
まだそのステージで必要な答えを

得られていないからとも言えます

その場合は見方を変えてみれば
あなたにとって用意されていた
答えが見えてくることでしょう

たとえ答えが見えたとしても
受け取る勇気が求められます
答えを受け取るとは
変わることを意味するのです

変わることが必要だから
与えられるのです

分《ぶん》相《そう》応《おう》の因果

あなたは何を選択《せんたく》してもよいのです
選択の自由が与えられているのですから

みんな分相応の選択をすることになります
分相応とは個々の霊性《れいせい》に伴《ともな》ったさまです

しかしあなたが選択したことであるのですから
すべてはあなたの自己責任ともなります

現在のあなたは
過去のあなたの選択の因果《いんが》であり
未来のあなたは

現在のあなたの選択の因果ともなります
思考も言動も行動も
すべてが分相応の因果として必ず顕《あらわ》れます

それを理解した上で
あなたは何を選択しますか？
すべてはあなたの自由です

人間関係

人間関係とは因縁《いんねん》因果に応じて
自分に見合う人が時期に応じて関わっています

良くも悪くも学び得るために与えられ
ひとつひとつ解消しながら育《はぐく》まれてゆきます

たとえ苦しみから逃れようとしても
因縁からは
逃《のが》れることはできない仕組みです

どこへ行っても似たような人が現れては消え
時が流れてはまた必ず現れてくるものです
与えられた課題を解消しなければ
どうしても次には進めないものなのです

ですから苦しくとも腹を決めて
真正面《ましょうめん》から見つめ
相手を理解すること　改心すること

そして感謝することが求められます

分かれ道

どうしようもないこともあります
お互いの違いからの因果なのでしょう
だから憂《うれ》うことなく　責《せ》めることなく
お互いの人生が悔やむことなく
実り多き豊かなる道となることを
ひたすら願うのみなのです

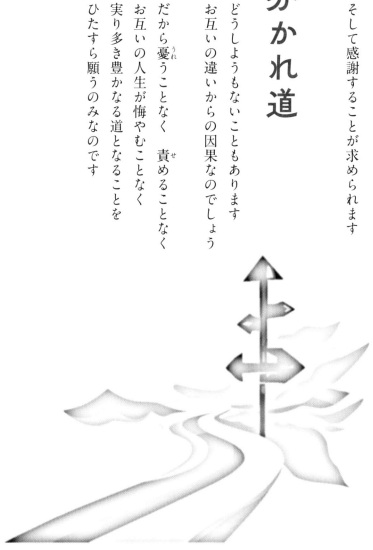

本気

あなたは本気で望んでいますか？

本気になると本来の力が顕《あらわ》れます
本気にならないと本来の力は顕れません

物事が上手《うま》く行かないのは
あなたがまだ
本気になっていないからなのではないでしょうか？
本気でやり続ける人は
いつか必ず成《な》し遂《と》げるものです

しかし本気になるためには「理由」が必要です

〇〇のために本気で頑張《がんば》る！
では「〇〇のために」とはいったい何なのか？
実は「〇〇のために」＝「理由」の違いが
実現化するか否《いな》かの力の違いなのです

自分のため？　生理的欲求？　社会的欲求？
誰かのため？　家族のため？　地域のため？
国のため？　世界のため？　後世《こうせい》のため？
動物のため？　植物のため？
地球のため？……

人それぞれの目的に応じて
力添《ぞ》えしてくれる存在は変わるものです
目に見える存在も目に見えない存在もいます
靈性相応《れいせいそうおう》に関わる存在は異《こと》なるものなのです

本気になるからこそ
自分では決してできないような
不思議な凄《すご》い力が顕れることもあります

「理由」は進化してゆくものでもあります
理由の変化に応じて関わる存在も変わり
より大きな理由へと
移り変わりゆく因果でもあります

本気で頑張り続ける人には
力添《ちからぞ》えしてくれる存在が次々と顕れ
いつか必ず報《むく》われるものなのです

ですからあなたも

本気を出しましょう!!

繋《つな》がり

昨日と今日は繋がっています
今日と明日も繋がっています
昨日と明日も繋がっています

過去と未来は
現在を軸《じく》に繋がっているのです

現在とは
原因を生み出す選択の時なのです

第8章

出会いと別れ

巡《めぐ》る

さようなら　ありがとう
繰《く》り返しながら成長します
ありがとう　さようなら
出会いと別れの人生

一《いち》期《ご》一《いち》会《え》

人間関係は季節のごとく変わってゆくものです
死ぬまで親しく付き合える人は
ほんのごくわずかです
みんなそれぞれの価値観・人生観の中で生きています

出会いと別れは必須《ひっす》なるものであり
だからいずれも儚《はかな》く貴《とうと》いのです
出会って下さり
どうもありがとうございました。
皆様に感謝感謝感謝感謝

別れ

別れとは
終わりを意味します
季節の移り変わりです

悲しみ

寂《さび》しさ
憤《いきどお》り

いずれにせよ　すべての別れは必ず
歳月《さいげつ》と共に
ゆっくりと色彩《しきさい》を変えながら
記憶の中の懐《なつ》かしき一枚の絵となるのです

そしてどんな絵からも
学びがもたらされ

必要として与えられた
出会いであったことを
いつの日か知るに至《いた》るのです

過去の浄化《じょうか》の仕方

人生に無駄《むだ》はない
すべて必要な経験のみです
だから必要な
出会いだったのです
ありがとうございました

無限《むげん》変化

時の流れは誰にも止められません
時の流れはすべてを変えてしまうものです
みなそれぞれ新たな形へと

永久《えいきゅう》に変わり続けます
いかなる変化も否《いな》めないものです

因縁や願望《がんぼう》に応じて何かが始まり
新たなる出会いや機会が与えられ
因縁《いんねん》の解消や学びと共に
何かが終わり　別れが訪れます

出会いと別れは
時の流れの中で
永遠《えいえん》に繰り返し廻《まわ》る水車のように
喜怒哀楽《きどあいらく》すべての感情を
生み出し続けます

自分と見合わない人とは

自《おの》ずと関係が薄れゆき
いつの間にか消えゆく因果の中にあるものです

自分と誠《まこと》に良きご縁《えん》としてある方々だけが
必要として繋がり続けてゆくものなのです

人はみな人生という限られた時間と
限られた縁の中で
多彩《たさい》な感情を学び合い
七変化《しちへんげ》し続ける靈《れい》存在なのです

第9章

地球／宇宙／見えないもの

神の因子《いんし》のひとつ

あなたは
誰かのために存在します
あなたは
何かのために存在します
あなたは
必要だから存在しているのです
たとえどのように
自己評価《ひょうか》しようと

あなたも
母なる地球の
神の因子の
ひとつですから

あなたを愛する存在

ひとりの部屋で
あなたを観《み》ている存在がいる
として話し掛《か》けてみて下さい

その存在は
あなたのことが大好きで
あなたの幸せを願っている方です

守護霊《しゅごれい》さま　指導霊《しどうれい》さま　近親霊《きんしんれい》さま
いつもありがとうございます

御《ご》神《しん》体《たい》

わたしにとっての御宮《おみや》とは
肉体であり　足下《あしもと》にある地球です
肉体は地球の分身《ぶんしん》でもあると言えます

肉体と地球こそが
真《しん》の御神体そのものであり
何よりも一番に感謝の念を
日々手向《たむ》けるべき存在であると思います

よって聖《せい》なる場所とは本来ないのです
なぜなら地球上のすべての場所が
聖なる神である地球の中に
存在しているからです

ですから
真《しん》の祈りとは場所を問《と》いません

心の中に御宮がある人であるならば
どこに居《い》ても　どこからでも
どのような状況でも
祈ることができるものなのです

地球に感謝！　ありがとうございます
うれしうれしたのしたのしみらい

神の中に在《あ》る

自愛《じあい》に生きる
そして他愛《たあい》に生きる
互いの幸せを心から願う
言葉にする　行動に変える
笑顔で過ごす

生きていることも
死んでゆくことも
すべてありがたいと思う
過去も現在も未来も
すべてがわたしの中に在《あ》る
魂《たましい》の記憶となり　移り変わる

愛する人たち
愛する動物たち
愛する植物たち
愛する物たち
愛する場所　時　出来事……

すべてがわたしの中に在り
魂の記憶《きおく》として刻《きざ》まれている

何のためにわたしは在るのか？
魂の記憶を得るために
神の分身として在ることに
喜びを感じさせていただくために
神の一部で在ることに

感謝できるものになるために
変わりゆく世界は幻想的《げんそうてき》であり
思考の一部として消えゆくもの

愛は喜びの記憶としてあり
永遠にわたしを照《て》らし続けてくれるもの

神の中に在ること
神と共に在ること
神として在ること

一切が神の変化であり
神の変化の中に
愛の景色《けしき》を選び見続けると

わたしは誓《ちか》うのです

自《じ》問《もん》自《じ》答《とう》

見極《みきわ》める意識を
研《と》ぎ澄《す》ませましょう

真実か虚偽《きょぎ》か？
有害か無害か？
善意か悪意か？

情報に対して感情的にならず
冷静に判断し行動しましょう

何をすべきなのか？
何を優先すべきなのか？
何を伝えるべきなのか？
日々自身に問いましょう

自問自答しながら生きるのです

「自」とは
守護霊《しゅごれい》や指導霊《しどうれい》そして近親霊《きんしんれい》たちを含む
自分というチームのことです

あなたは自分チームの一員なのです
常《つね》に共存共栄《きょうぞんきょうえい》しています
遠慮《えんりょ》することなく何でも尋《たず》ねることです

自分チームは
あなたに頼られることが喜びであり
あなたの絶対的な味方なのです

心の耳

あなたを導くものがいます
あなたの幸せを願うものです
あなたを陥《おとし》れようとするものもいます
あなたの不幸を望むものです

どちらも善なる姿をして現れます
本物か？　偽物《にせもの》か？

見極《みきわ》めることができるでしょうか？

見極めるためには
呼吸を整《ととの》えて　心を穏《おだ》やかにし
相手が発する氣《き》を受け取ることです

心で感じ取る能力を高めましょう

自分チーム（守護靈・指導靈・近親靈）
からの声に心の耳を澄《す》ませましょう

見られている事実

〃お天道様《てんとうさま》が見ている〃

それは比喩《ひゆ》に過ぎませんが
あなたを見ている存在はいます

守護《しゅご》霊
指導霊
近親霊
因縁霊
現次元界《げんじげんかい》の誰か

だからこそ　見られても
恥《は》ずかしくないような生き方
後ろめたくないような選択
をすることが望ましいのです

言動や行動だけではなく

あなたの思考すべてが見られています
異次元界からは心が丸見えなのです

善行《ぜんこう》に生きましょう

静《せい》観《かん》

虚偽《きょぎ》を見極める目とは
眼から得る情報だけではなく
耳から得る情報もあります

そして何よりも大切なのは
靈感《れいかん》から得る情報です

現次元《げんじげん》界からと異次元《いじげん》界からの
双方の情報を組み合わせれば
より精度《せいど》が高い判断材料となります

ですからどちらかだけでは
偏《かたよ》りが生《しょう》じるということになるのです

それは現次元界か異次元界のどちらかに
巧妙《こうみょう》な嘘《うそ》が仕組まれる場合もあるからです

周囲の雑多《ざった》な情報により右往左往《うおうさおう》せず
常に静観する時間を設《もう》けることが大切です

〝今を己《おのれ》はどう思うか？〟
という問答《もんどう》をお勧《すす》めします

大変化

地球人が変わる
愛する力を向上させてゆく

思考が変わる
高次元界からの治療《ちりょう》です

未来の可能性が瞬時に変わる

人の意識が創《つく》る世界だから
意識が変われば未来が変わる

第10章

心の目を磨く

本物になる

本物は本物に引き寄せられてゆきます
偽物《にせもの》は偽物に引き寄せられてゆきます
自分に見合うものに引き寄せられてゆきます

あなたが騙《だま》されるのは
騙される必要があるからであり
あなたが見極められないのは
経験不足であり　固定観念《こていかんねん》が強いためであり
価値観が狭いからなのです

心の鏡が曇《くも》っていては
いつまで経《た》っても真実は見えません

小さな自我《じが》を手放して
俯瞰《ふかん》する自分を養《やしな》うことです
見極めることのできる
柔軟《じゅうなん》な大きな心を養うことです

そのためには改心し
頭を下げることから学ぶことです

負の感情と思い込みと慢心《まんしん》が
御魂《みたま》を曇らせるのです

本物と偽物を見極めるためには
あなたが本物になれば良いのです
本物を分かる本物になりましょう

心の鏡

すべては心の在《あ》りようです

それが「答え」であるとは限らないのです

有りがたく映《うつ》るか？
腹立《はらだ》たしく映るか？
素晴らしく映るか？
妬《ねた》ましく映るか？……

あなたが善意で見る気持ちを選ぶのか？
それとも悪意で見る気持ちを選ぶのか？

物事は良くも悪くも
両極に受け取れるものであり
感情というものは
あなたに委《ゆだ》ねられています

心の鏡に映《うつ》る感情は
人それぞれ多彩《たさい》に映し出し
すべて御魂相応《みたまそうおう》に描《えが》かれ
彩《いろど》られる世の仕組みです
ですから御魂磨き　心の掃除洗濯《そうじせんたく》が大切です

善の仮面を被《かぶ》った成《な》り済《す》ましではなく
すべてに対して
心から感謝の念を映し出せる人に
いつか成《な》れれば理想的です

地上天国へ

愛されなければ
愛することができません
感謝とは
愛を得《え》た先にあります

地上天国とは
愛と感謝の連鎖《れんさ》の中にあります

真

すべての存在は、靈《れい》（エネルギー体）です

人にも靈にも靈性靈質《れいせいれいしつ》の違いがあり
御魂相応《みたまそうおう》の学びと役目が与えられます

靈性靈質とは
靈・人共《とも》に　発せられる氣《き》と言葉と在《あ》り方に
すべて顕《あらわ》れているものでもあります（心言行《しんげんこう》）
人は亡くなっても本質は変わりません
真を知ること
本質を見極《みきわ》める心の目を磨くことが大切なのです

人生の課題

あなたの人生には
あらゆる困難《こんなん》が設定されています

あなたが成長するために
必要なすべてが与えられており
状況に応じて変えられてゆきます

人生は課題としてあるものですから
与えられた生を愉《たの》しめば良いのです

守護霊《しゅごれい》や指導霊《しどうれい》
そして近親霊《きんしんれい》たちが
あなたと共に生涯《しょうがい》歩んでくれます

孤独《こどく》というネガティブな妄想《もうそう》を手放し
本音で願望を語らいながら
ひとつひとつ行動に変えて
より良き未来へと

導いていただけば良いのです

何もかもが必ず改善されてゆきます
ひとつひとつの顕《あらわ》れ方には
遅し早しの違いがあるに過ぎません

もしも今世《こんせ》できなかったならば
来世《らいせ》ですれば良いだけなのです

あなたは必ず良き人生を歩めます
日々少しずつ進化しながら
より歓《よろこ》びへと向かっているのです

バランス

「人生はバランスが大切！」

偏《かたよ》ると苦しくなってくるものです

いろいろな喜びを理解して
価値観を拡《ひろ》げてゆくと
人生が豊かになってゆくものです

言葉

祖父《そふ》の言葉です
「言葉を磨《みが》きなさい」

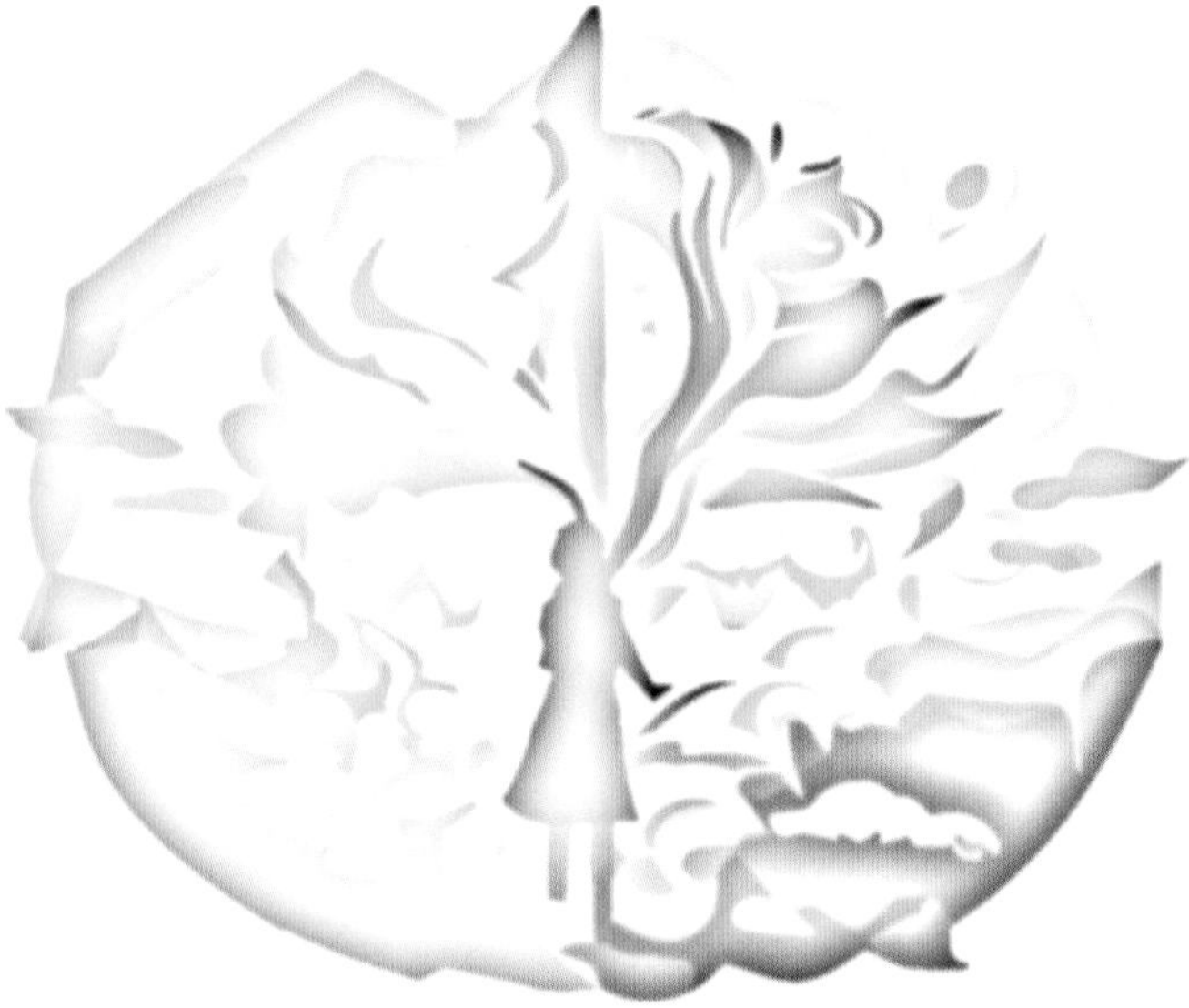

言葉が変われば
価値観が変わり
人生が変わります

善《よ》き言葉
活力ある言葉
真《しん》の言葉との出会い

言葉と向き合いながら
わたしは語りたいと思います

言葉を磨くことは
御《み》魂《たま》を磨くに等しいものなのです

日本が変われば世界が変わる！

日本の人口は
約1億2500万人です

一割は
1250万人

一分《いちぶ》は
125万人

一厘《いちりん》は
12万5000人

もしも神一厘《かみいちりん》の仕組《しく》みが
12万5000人が変わることで
日本国が一変し
善《よ》き国に生まれ変わるとしたら?!

そして日本が変われば
世界が変わるとしたら?!

12万5000人が
心身共に浄化《じょうか》されたならば
世界は波紋《はもん》の如《ごと》くひっくり返り
一気に一変する日が来る!!

とわたしは妄想《もうそう》してみるのです❤

覚《かく》醒《せい》とは

真実と虚偽《きょぎ》を理解すること
マインドコントロールを払拭《ふっしょく》すること
過去のネガティブな記憶を許すこと
新しい価値観を自己教育すること
自己解放し自愛《じあい》を高めること
肉体に対する感謝を習慣化すること
靈《れい》意識を高めること
他愛《たあい》意識を広げ深めること
良き未来を想像し行動すること

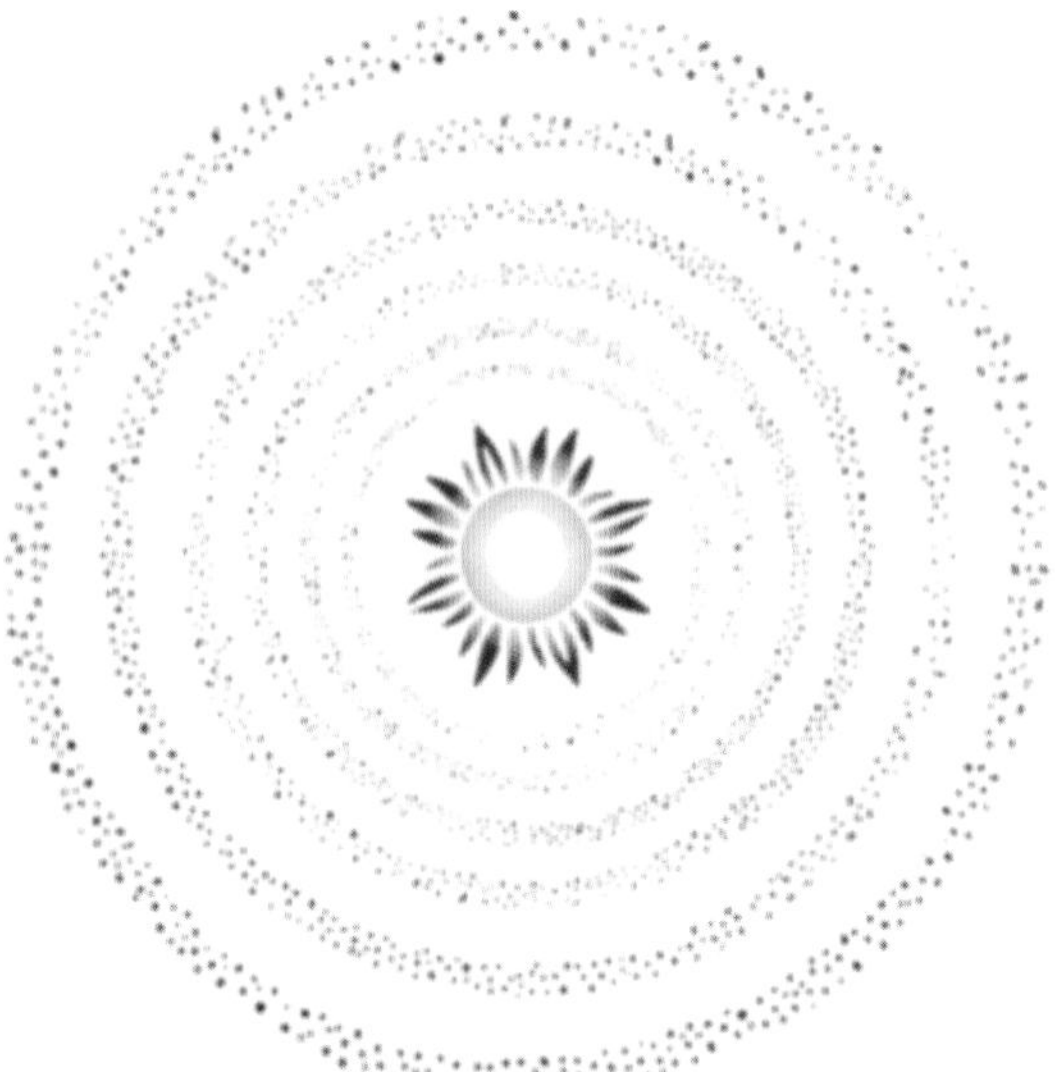

第11章

善と悪

悪とは

世界では日々問題が多発しています
目前にある事象《じしょう》に対して
無知・無視・無関心であることこそが
「悪」なのかもしれません

特別な時代

善の仮面を被《かぶ》った悪の世です
見た目は紳《しん》士淑女《ししゅくじょ》のように見えても
社会的な肩書きを持っていても

口でどんなに綺麗事《きれいごと》を言っていても
他愛《たあい》に欠けている人々の世でもあります

自己利益《りえき》にばかり興味が偏《かたよ》り
他の苦しみを理解しようとせず
理屈《りくつ》を並べ自己主張したがる
善人の振りをした人々の世でもあります

生きる上で最も大切な共生《きょうせい》意識ではなく
自分さえ良ければ良いとする
利己《りこ》主義の元である競争意識を洗脳《せんのう》され
愛し愛される喜びから
遠ざけられた世界でもあります

経済至上《しじょう》主義が生んだ末期《まっき》症状を

我々現代人は学ばされているのでしょう
ありがとう　ありがとう　ありがとう
自分にも他人にもすべてにも言える
共生社会へと移り変わろうとしている
特別な時代を
見させられているとも言えるのでしょう

仲良しVS仲違《なかたが》い

魔《ま》は仲違《なかたが》いさせることを好みます
魔は仲良しな関係を好まないのです

ねたみ

ひがみ
そねみ
やっかみ
いやみ
うらみ

魔は双方に入り込みながら
お互いの闇《やみ》の部分を突っついて
喧嘩《けんか》させるのです

魔は仲違《なかたが》いする様子を見て悦《よろこ》ぶのです
揉《も》めれば揉めるほど悦ぶ種族なのです
人の心に傷を付けることが
魔の遊びであり快楽そのものなのです

ですから魔の仕組《しく》みに
決して乗ってはいけません

負の感情を相手に吐《は》き出す
快楽《かいらく》に酔《よ》いしれてはなりません
魔に魅入《みい》られてはならないのです
魅入られると取り憑《つ》かれ操《あやつ》られます

魔が差《さ》すとは
魔に思考操作《しこうそうさ》されることを意味します

負の思考と感情に対しては
必ず見極めなければなりません

自分自身に問い掛《か》けましょう

本当にそれが自分の意思なのか？
仲違いしてしまっても良いのか？　と……

神仏《しんぶつ》を拝《おが》んでいるから
祝詞《のりと》や経《きょう》を奏上《そうじょう》しているから
神示《しんじ》を読んでいるから
わたしは大丈夫！　という過信《かしん》や慢心《まんしん》は
非常に危《あや》ういということを
理解しなければなりません

魔は誰にでも入り込むものなのです

あなたは何者にもなれる

魔《ま》が入らないという人はいないのです
魔はどんな人の心にも入るものなのです
魔の中にも上には上が存在しています
魔はとてもずる賢《がしこ》く成《な》り済《す》ますのです
魔に魅入《みい》られるとあなたは別人となります
そして己《おのれ》の思いを押し付ける者となるのです

過去現在未来と永遠《えいえん》に続く魔との闘《たたか》い
神の仕組みの中にある
進化するための過程

あらゆる欲望との対話がなされ

あらゆる善と悪との対話がなされ
善も悪をもすべて含む
無限《むげん》の異《こと》なる価値観の世界を巡《めぐ》るのです

あなたは善にもなり
悪にもなるのです
あなたは悪の僕《しもべ》ともなり
悪の主ともなるのです
あなたは善の虜《とりこ》ともなり
善の友ともなるのです

あなたは神の分身《ぶんしん》であるから
永遠《えいえん》に何者にもなれるのです

悪にならないものは存在しない

しかし　善になれないものもまた存在しないのです
あなたは何者にもなれるのです
あなたは何者になりたいですか？

人の意識が変われば

虚偽《きょぎ》の世界は終わり
真実の世界へと変わります

成《な》り済《す》ましは
消えてゆく定《さだ》めにあります
本物が顕《あらわ》れてくることにより
次々と消えてゆくのです

真実以外は
すべてが虚偽であり
存在することが苦しみとなり
真の喜びにはなれないからです

有害なるものは衰退《すいたい》してゆき
無害なるものが繁栄《はんえい》してゆきます

衣食 住医《いしょくじゅうい》政 教金《せいきょうきん》すべてが
大きく変わりゆく時代となったのです

人の意識が変われば
すべてが変わります
本物が何か？　真実が何か？　を

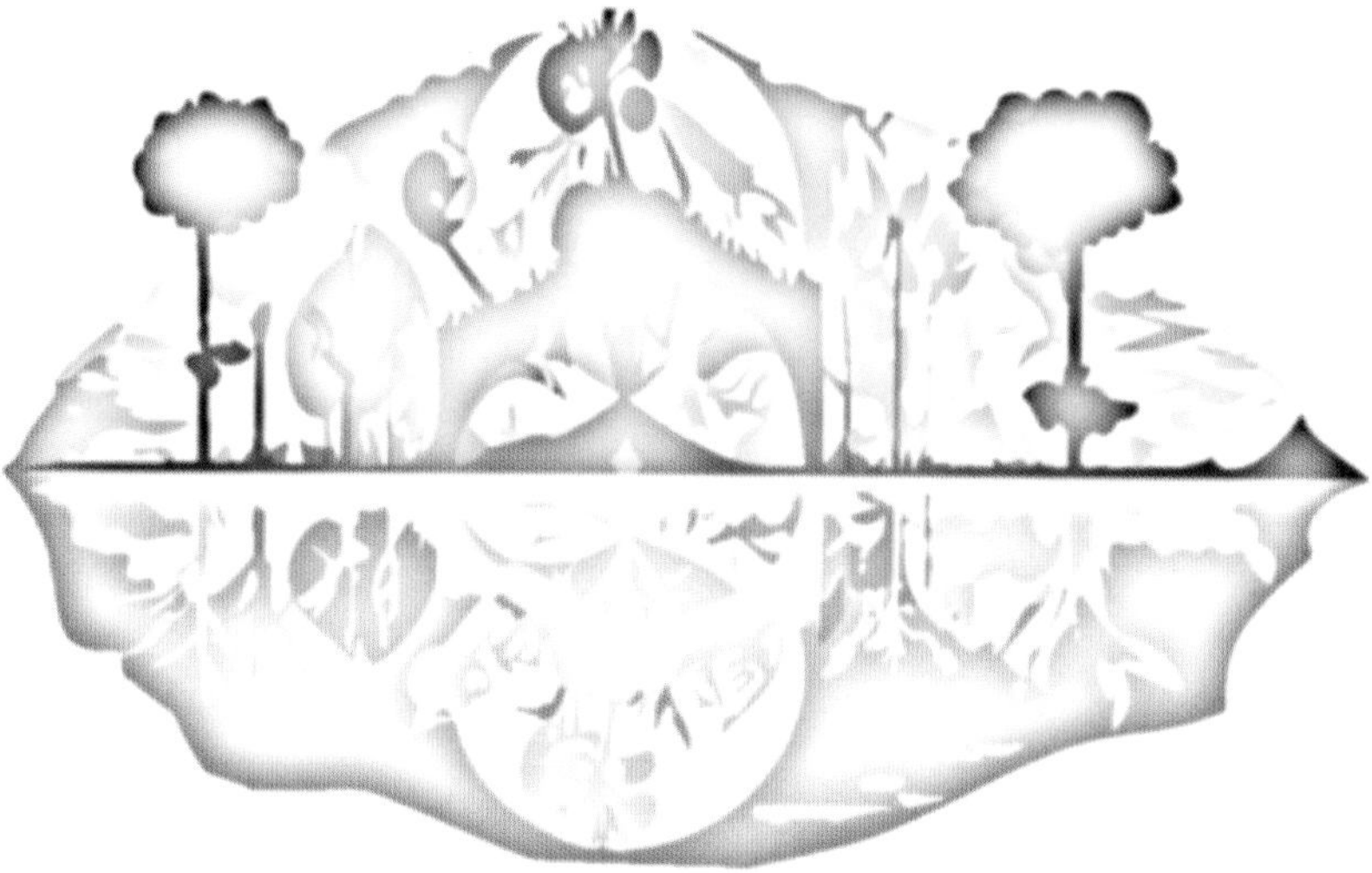

人は分かるようになるのです
嬉《うれ》しくて怖《こわ》い世開《よあ》け前
光を喜びとして受け入れられるか?
すべての人が問われるのです

子供たちへ

子供たちよ
世界は病《や》んでいるのです

何が正しいのか?
何が喜びなのか?
何が幸せなのか?

どうして
こんな風になってしまったのか？
分からなくなってしまうまでに
世界は病んでいるのです

しかし
子供たちよ
世界は必ず良くなります

何が原因なのか？
何が必要なのか？
何が真実（くすり）なのか？

それらを理解し行動する人が

これからどんどん増えてゆくからです

だから
子供たちよ
共に善《よ》き未来を創りましょう❤

天使の計画

世界は二極化してゆきます
それは悪魔の計画でもあります

支配する人と支配される人
監視《かんし》する人と監視される人
富裕《ふゆう》層の人と貧困《ひんこん》層の人

優遇《ゆうぐう》される人と不遇《ふぐう》なる人
法を操《あやつ》る人と法に操られる人

善なる生き方をする人
悪なる生き方をする人
とに分かれてゆきます

天使の計画とは
後からすべてをひっくり返す計画です
悪魔は最後にひっくり返されることを
理解できないのです

なぜならば
悪魔は「愛」を知らないからです

最後の最後に　すべてに「愛」を入れるのです
すべてが喜び光り輝くこととなり
世界は一変《いっぺん》してゆきます
一厘《いちりん》の仕組みとは理解を深めた「愛」なのです

第12章

生きるとは、死に向かって進むこと

竹の節《ふし》

いつかあなたは死にます
必ず死ぬ時が訪れるのです
死なない人はひとりも居《い》ません

だから生きるとは
死に向かって進むことなのです
そして死ぬとは
生きた過程《かてい》を見返すことでもあります

どんな生き方をしたのか？
どんな死に方をしたのか？
すべての因果《いんが》関係を学ぶのです

生と死は
竹の節のように繋《つな》がっており
どこまでも未来へと続いてゆくのです

何度も何度も
繰り返し生まれ変わり
与えられた課題を学びながら
わたしたちは変わり続けるのです
死を見据《みす》えた後悔《こうかい》しない生き方を
日々選び喜びながら進みましょう

後《こう》悔《かい》しない人生

人はいつか必ず死ぬ時が来ます
そしてほとんどの人は　死を迎《むか》える時
または死んだ後に過去を振り返り
いろいろな場面を想《おも》い
反省させられるものなのでしょう

あんなことをしなければ良かった……
あんなことは言わなければ良かった……
この思いをちゃんと伝えれば良かった……
もっとしたいことをすれば良かった……
もっと自分を大切にすれば良かった……

〝悔《く》いの残らない人生を歩むこと〟
もしかしたらそれが
一番幸せな人生と言えるのかもしれません

たとえどのような形であったとしても
過去を振り返って見た時に
悔いが残っていなければ
その人にとっては幸せなのかもしれません
誰もが死んだ後で
誰かに問《と》われるのかもしれません

あなたの人生は幸せでしたか？
一切《いっさい》の悔いはございませんか？

だからこそ生きているうちに

悔いが残らないように人と関わること
自分と関わることが
とても大切なのだと思います

間違いに気づいたならば　謝罪《しゃざい》すること
恩恵《おんけい》に気づいたならば　感謝すること
欲求《よっきゅう》に気づいたならば　行動すること
愛《いと》しさに気づいたならば　表現すること
正義に気づいたならば　正すこと

自分の気持ちを顕《あらわ》すことは
決《けっ》して恥ずかしいことではありません
むしろ顕さないことのほうが
後悔することが多いのではないでしょうか？
そのためには　人を苦しめたり

自分を苦しめない生き方でなければなりません

お互いが幸せであるために

いつも明るく笑顔で
感謝と労《ねぎら》いの言葉を
惜《お》しみなく伝えられる
歳の取り方をしたいのです

「ありがとう」
「申し訳ない」
「ご苦労さま」

わたしは死ぬまで伝えよう

また死んでからも伝えよう
そういう人になりたいのです

生きるか死ぬか

すべては因果《いんが》の法則が司《つかさど》っています

何を選び生きるのか？
選択は個々に委《ゆだ》ねられています

生まれてから死ぬまで
選択の連続であり
すべては因果として顕《あらわ》れます

しかし死ぬ時期は定められています
寿命《じゅみょう》というものは生まれる前から
実は定《さだ》められているものなのです……

ただし死に方だけは
選択することができます
それは生き方の延長《えんちょう》にあるからです

最後の最後に
幸せな死に方ができれば
〝いろいろあったがイイ人生だった〟と
自分自身が納得できるのでしょう

ですが死んだ後で救われ
幸せになる方もおられます

あなたはあなたで良い

無《む》と有《ゆう》はひとつであり無限《むげん》です
神がすべてを創《つく》ったのではありません
神の中にすべてが存在し
神が無限変化《むげんへんか》し続けているに過ぎないのです

すべては神の顕《あらわ》れであり
あなたは肉体を使わせてもらっている単体意識《たんたいいしき》であり
集合意識のひとつであり
無限変化し続ける存在です

始まりもなければ終わりもありません
生も死も変化し続ける過程《かてい》にある

ひとつひとつの点と点に過ぎないのです
生命体が新たなる生命体を創り続け
宇宙の中で
拡散《かくさん》しているに過ぎないのです

知識を知るか知らないかだけの
価値観の違いがあるだけであり
すべては個々の変化の違い
があるだけです

ゆえに
すべての判断＝変化（喜怒哀楽《きどあいらく》）は
初めから個々に存在しているのです

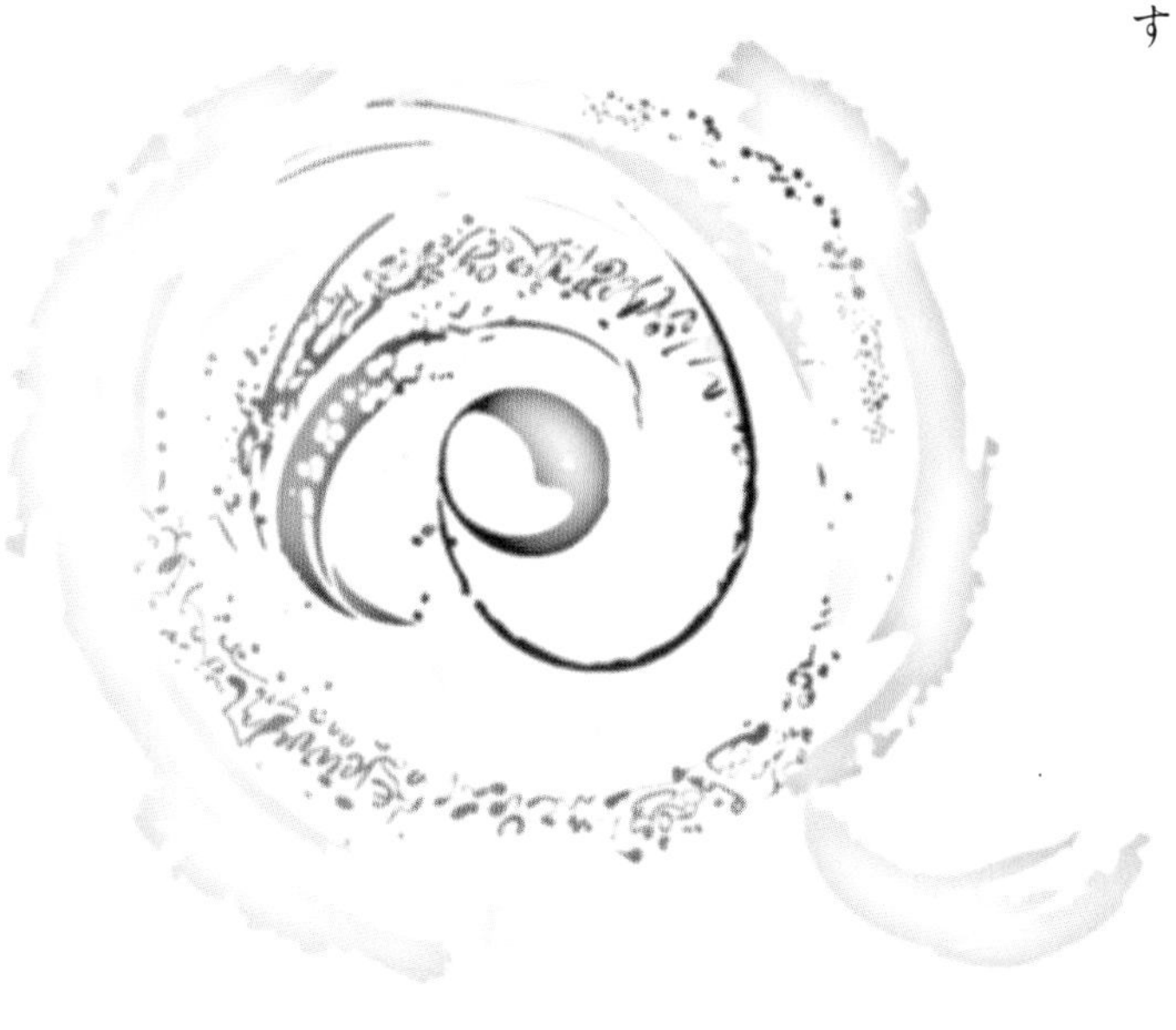

生き方とは？
因果の法則を理解した上で
個々の変化を
喜びと感じられれば良いのです

ですから
わたしはわたし
あなたはあなたで良いのです

どうぞ自分らしい
良き人生をお過ごし下さい

第13章

素晴らしい未来

あなたの未来

あなたの未来は輝いています
あなたの未来は微笑《ほほえ》んでいます
あなたの未来は創《つく》られてゆきます

あなたは
どこに行き
誰と会い
どんなことをしますか?

あなたの未来は
無限《むげん》の可能性で充《み》ちています
誰も邪魔《じゃま》する権利はありません

たとえ悲観的な思考が誘惑《ゆうわく》してきても
あなたは毅然《きぜん》として言えるのです

わたしの未来はわたしが決めます
わたしの未来はわたしを待っています
わたしの未来はとても幸せなのです

今は未来へ向かう通過《つうか》駅に過《す》ぎません
すべては過去の真偽《しんぎ》と因果《いんが》の景色《けしき》を
地球の車窓《しゃそう》から観《み》ている瞬間なのです

うれしうれしたのしたのしみらいへ

希望

景色は移り変わるものです
花が咲き　蝶《ちょう》が舞《ま》い　緑薫《みどりかお》る
雨が降り　風が吹き　枯葉《かれは》舞う

人の心も移り変わるものです
泣いたり　笑ったり　いじけたり
はしゃいでみたり　怒ったり

どんな季節や時代も
どんな出会いや別れがあっても
どんな言葉を心に綴《つづ》るかで
記憶《きおく》の色彩《しきさい》は変わります

それぞれの性格や感性
経験値《けいけんち》により異《こと》なる記憶の描き方
誰にも見せることのない日記のように
偽《いつわ》らずに描くほうが良いのでしょう

そして未来への希望は
思いのままに描くほうが良いでしょう
「こんな未来になればいいなぁ」
と思い浮かべ
願いを込めながら

これからも
たくさんの喜びを咲かせる種を蒔《ま》きましょう
夢を希望を素敵な未来を描きましょう

意識の変化

やりたいことをやれば良いのです
誰にも迷惑《めいわく》をかけることなく
行きたいところへ行けば良いのです
身体《からだ》が動けるうちに
作りたい物を作れば良いのです
創造することができるのだから

他人を見て妬《ねた》むよりも
粗《あら》を探し悪口を言うよりも
あなたは自分の人生を
悲観《ひかん》するのではなく
〝喜びに変えるために時間を費《つい》やせば良い〟のです

泣いても笑っても
時間は流れゆくもの
刻一刻《こくいっこく》と過ぎゆくものです

悔《く》やむことのない人生を得るには
〝あなたの意識が変わるしかない〟のです

変わる変わる変わる
必ず変えられるものである
変わらないものはないのだから

うれしうれしたのしたのしみらいへ
うれしうれしたのしたのしみらいへ
みなみなかわるかわるかわる

課題

人は何度でもやり直すことが可能です
やり直す気持ちを持つことが大切です

同じことを繰り返さないこと
経験を踏《ふ》まえて改善《かいぜん》すること

他者の立場に立ってみること
すべてを他者の所為《せい》にしないこと

謝罪《しゃざい》・改心する勇気を出すこと
悲観《ひかん》的に決めつけないこと

未来に喜びを思い描《えが》くこと
未来を育《はぐく》む意志を持つこと

どんな状況であったとしても
必ず良き状況に変えることができます！
変えようと努《つと》めるかどうか？
あなたは問われているだけなのです

変わりましょう

やり直すことは
いつからでもできます

変わることを

恥《は》ずかしがらなくてもいい
誰にどう思われるか？　など
何も恐れなくてもいい

変わりたい時に
変わっていいのです

変わりたいと思った時が
あなたが変わる相応《ふさわ》しい時期として
きっと
与えられていたのでしょうから

間違《まちが》いは誰にでもあるものです
思い込みや取り違いは
誰もが経験して成長するものです

あまり卑下《ひげ》し過ぎないこと
反対に
誰かを悪く思い過ぎないこと

そんなこともある
しょうがないこともある
必要な学びでした

胸に手を当てて
自分を相手を許すことです
「大丈夫です　変わりましょう」

変わり続けるもの

忘れようとして
忘れなくていいのです
いつか忘れる日が来るものです

想い出せばいいのです
何度も何度も想い出せばいいのです
気が済《す》む日が来るものです

表情にし　声にし　言葉にし
思いを表現すればいいのです
何かが変わり　終わる日が来るものです

そうやって誰もがみんな
変わり続けるものですから

生きること

何をすべきなのか？
何を急《いそ》ぐべきなのか？
何を手放すべきなのか？

よく考えて行動する時です
後悔《こうかい》しないようにすることです
そして生を全《まっと》うすることです

伝えるべきことは伝えること

手放すべきことは手放すこと
諦《あきら》めるべきことは諦めること

そして共に未来へと
歩いて参《まい》りましょう

あなたを幸せにする言葉

わたしの人生はとても素晴らしいです
わたしの人生はとても運がいいです
わたしの人生はとても愛されています
わたしの人生はとても有意義《ゆうぃぎ》です
わたしの人生はとても幸せです
わたしは毎日導《みちび》かれています

より喜びへと向かって進んでいます
わたしはみんなから必要とされています
どんな困難《こんなん》も必ず乗り越えられます
わたしは今日もとても幸せです

未来を描《えが》く

色は感情
明るい喜びの色
暗い苦しみの色

形は関係性
調和している良い形

不和《ふわ》が生じた悪い形

日々移り変わる
自分だけにしか見えない心模様《こころもよう》

思いのままに描かれ
展示された絵は
ひとりだけの美術館の中に

心の真ん中にある宇宙から
今日も手紙が届きました
「幸せになりましょう」

生きるために与えられた

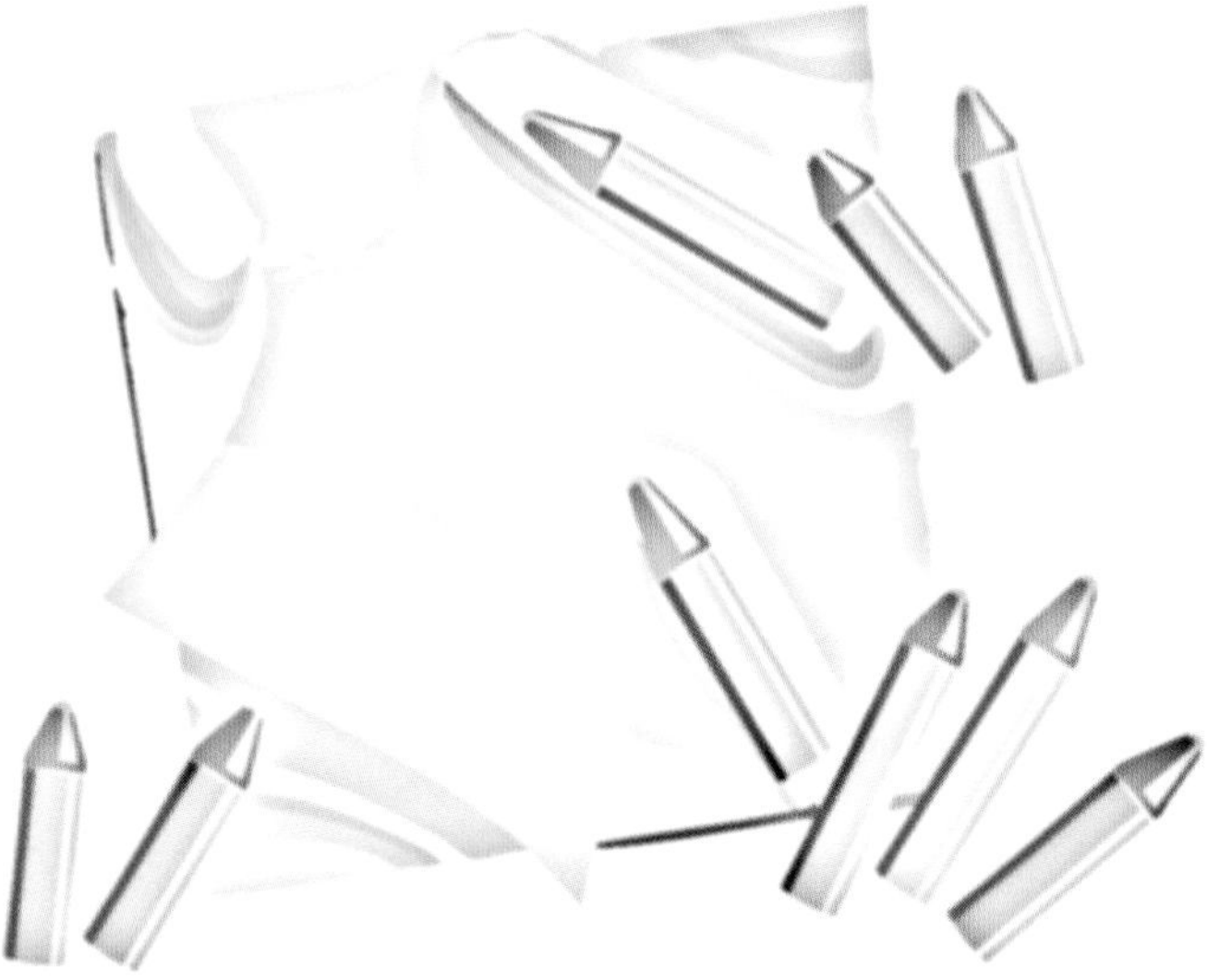

白いキャンバスと千色のクレパス
あなたに委《ゆだ》ねられた
自由自在の夢幻《むげん》世界

「喜びの未来を描きましょう」

それぞれで良い

あなたはあなたで良いのです
わたしはわたしで良いのです
みんなはみんなで良いのです

ひとりひとりそれぞれであり
価値観の違いがあるに過ぎないのです

自分の変化に応じて
自分に見合う人と出会い別れ
必要な学びが与えられてゆくのです

現在の姿は人生という線の中の
変わりゆく過程にある小さな点に過ぎません

あなたもわたしもみんなも
日々学び変わり続けています
みんなそれぞれに変わりゆくのです
変わらないものなど存在していません

遅いか早いか大きいか小さいか
知るか知らないか嬉しいか苦しいか

受け入れるか受け入れないか……だけなのです

あなたが正しいわけではありません
あなたが間違っているわけでもありません
現在のあなたは　現在はそうである
ということに過ぎないのです

過去も現在も未来も
すべては変化の中にあります

あなたはあなたの変化の中で
わたしはわたしの変化の中で
世界は世界の変化の中で
それぞれに存在しているのです

流れ

すべてには流れがあります
流れは氣《き》の動きであります
流れにはあらゆる感情もあります

流れに委《ゆだ》ねることが自然であり
流れに逆《さか》らうことは不自然です

すべての流れには方向性があります
流れは変化であり　進化であり因果《いんが》です
大きな流れ　小さな流れ
早い流れ　遅い流れ
嬉しい流れ　苦しい流れ

激しい流れ　穏《おだ》やかな流れ
すべては必要に応じた流れが顕《あらわ》れるゆえ
流れに委ねることが
選択としては望ましいのです

流れに身を委ねるためには
不安と恐れを払拭《ふっしょく》する必要性があります
すべてはより喜びへと向かって変化している
ということを自分の未来に対して
思い描《えが》けるかどうかです

どんな泉も川へと向かい
どんな川も大河《たいが》へと向かい
どんな大河も海へと向かうものです

もしもいくつかの流れが現れた時は
いずれを選んだとしても
変化の違いがあるだけであり
同じ未来へと向かっていると思えば
流れを喜びとして受け入れられるようになります

素晴らしい未来

誰かを悪く言うことは誰でもできること
悪口は幼稚《ようち》な子供でも言えること
自分との違いを自分が理解できないことを
ただ嫌《きら》いと言えば良いだけであるから

誰かの素晴らしさを言うことは

誰にでもできることではありません
自分との違いを理解した上で
自身の劣等感《れっとうかん》や妬《ねた》みなど
負《ふ》の感情を超えて
他を認め
称《たた》える意識でなければ言えないからです

そして言葉にする勇気も必要とされます

まずは素直に他の素晴らしさを認め
他を褒《ほ》めることができる自分になることが
もっと素敵な自分になるための
壁なのでしょう

悲《ひ》観《かん》的なあなたで終わらないで下さい

楽観《らっかん》的過ぎるいい加減《かげん》さでもありません

あなたは個性的で魅力的で
可能性に満《み》ちていますから
あなたの人生は
きっときっと素晴らしいのです

わたしは
あなたの未来を
信じています！

あなたの人生は
もっともっと素晴らしくなるのです

未来の作り方

あなたにとっての今年は
どのような1年になさいますか？

未来はどうなるのか……？
まだ決まっているわけではありません

決して悲観的にならず建設的に捉《とら》え
〝あなたはあなたの意思《いし》で
素晴らしい未来を作りましょう！〟

〝未来は自分の意思で作れるのです！〟

未来の作り方の三原則は
「思う」「言う」「行《おこな》う」です

自分はいったいどうなりたいのか？
「思う」ことから始めましょう

忘れないように
「書く」ことで思考を整理しましょう

自分はこのようになりたいと
「言う」ことで活動意欲を高めましょう

有言実行《ゆうげんじっこう》を日々の目標にして
「行う」ことを自分に言い聞かせましょう

自分の力だけではどうにもならない
世界情勢《じょうせい》をあれやこれやと憂《うれ》う前に
自分はいったいどうすれば良いか？
自分の人生をより良くするために考えて
自分の足元から先《ま》ずはひとつひとつ見直し
日々改善に努《つと》めて参《まい》りましょう

〝あなたは世界の雛型《ひながた》なのです！〟

世界が良くなるためには
自分が良くならなければ
未来を改善することはできないのです

〝あなたが変われば世界は必ず変わります！〟

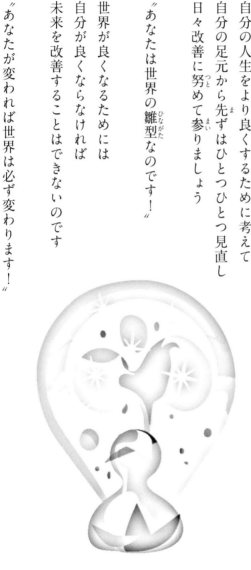

人と人とは
心のネットワークで繋《つな》がっている
大きな運命共同体です

未来を創《つく》る種《たね》

自分の思いを形に変えてゆくこと
より良いと感じる思いを選択すること
未来を創る種《たね》は
思いであることを知ること

どのような未来も可能性の中にあり
どのような未来も不可能ではありません

自己計画を立てて
自問自答《じもんじとう》しながら
自分を応援しながら
すべきことに時間を費《つい》やすことです

ネガティブな感情を憂《うれ》う　云《い》う　行《おこな》う時間を
ポジティブな感情に費やすと決めれば良いのです
自分が自分に誓《ちか》い
何度でも何度でも言い聞かせながら
一歩一歩強く信じて歩むならば
あなたの思いに見合う未来が顕《あらわ》れてきます

人は必ず幸せになれるものなのです
もしも幸せになれないとするならば
わたしは幸せにはなれない……

と思い込んでいる
悲観的な自分が
あなたの未来を邪魔《じゃま》しているのです

あなたは必ず幸せになれます！
あなたの未来は幸せです

あなたは幸せな未来を創ります！

大丈夫

すべての流れが必然として顕《あらわ》れるのです
すべてが因縁《いんねん》解消されながら変わるのです
すべてはより良き方へと向かっているのです

大丈夫!!
大丈夫!!
大丈夫!!

だから未来を決して悲《ひ》観《かん》することなく
ひとつひとつの出来事に対し
感謝すれば
あなたは今よりもずっと
幸せになるのです

すべては必要であるゆえに
与えられるものですから！

未来創造《そうぞう》

笑顔で夢を語りましょう
たくさんの計画を立てましょう
誰に遠慮《えんりょ》することなく
あなたが望むことを語りましょう
声に出すことがとても大切です

あなたがやりたいことをしましょう
あなたが行きたい所へ行きましょう
あなたが会いたい人に会いましょう

あなたの未来は
あなたが創造するのです

素晴らしい人生を
どんどん顕在化《けんざいか》してゆきましょう

未来の地球

世界は変わる
必要に応じた変化をしてゆく
子供たちが笑って過ごせる
安心がある世界に
夢を実現できる世界に

あなたは心に描いたものが
次々に現象《げんしょう》化することに

慣《な》れてゆくでしょう

人々の心を瞬時《しゅんじ》に理解し
必要なものを差し出すことに
慣れてゆくでしょう

笑うことが日常的となり
誰かのために生きることが
当たり前に感じているでしょう

神を何か理解し
神と共《とも》にあることを喜びながら
生かされていることに
深い感謝と貴《とうと》さを抱《いだ》きながら
地球に生まれたことを

誇《ほこ》りに感じているでしょう

愛することが日々の学びであり
あらゆる生命体の存在意義を
肌で感じているでしょう

次に生まれ変わるならば
また地球に生まれ
地球のことをもっと愛したいと
願うでしょう

過去の過《あやま》ちから多くを学び
人々は真の教育を共有《きょうゆう》し合い
愛を紡《つむ》ぐ社会の繁栄《はんえい》を創造するのです

心と身体《からだ》が歓《よろこ》びとなる
科学の活かし方を熟知《じゅくち》してゆきます

未来は過去の因果《いんが》です
現在（いま）は瞬間の選択です
如何様《いかよう》にでも軌道《きどう》を変えられるのです

理解すること
愛すること
与えること

喜びへと導く人が増えることで
地球は幸せな星となります

可能性の世界

あなたはまだ
自分を知らないのです
あなたは
何かを変えられる人です

何を変えるか？　は
何を変えたいのか？
あなたの中にある可能性の世界

何を選択するのか？　で
変容《へんよう》する因果の世界

人生は〝科学的〟なのです
多重次元《たじゅうじげん》科学の世界

良くも悪くも右にも左にも
自在《じざい》に変えられる力を
あなたは持っているのです

誰かに思考操作《そうさ》されて
選択するのではなく
自身の意思で本心で
より良い未来を育《はぐく》んで下さい

与える人

あなたは
与える人になれます

決して
持っている物だけに
限りません

言葉を与えられます
知恵を与えられます
声を与えられます
行動を与えられます
笑顔を与えられます

愛を与えられます
勇気を与えられます
想像を与えられます
時間を与えられます
癒《い》やしを与えられます
温《ぬく》もりを与えられます
思い出を与えられます

他にもいろいろと
あなたは与えられます

誰かに何かを与えたい！
と思うことで
与えたいことが溢《あふ》れてきます

与えきれないほど
次々に溢れてきます
もっともっともっともっと……

共に幸せを感じたいから
好きだから
与えたいのです

あなたは
与える人になります

望む未来を想像する

自身が望む未来を想像します
そして両手を広げ
異次元世界から
望む未来のイメージをつかんで
チャクラへと取り込みます

何度でもイメージしながら
取り込んでみましょう
清流《せいりゅう》の水を両手で掬《すく》い飲むように
未来の作り方のひとつ

光の因子《いんし》

あなたは光の因子として
周囲の人々を笑顔に変えられます
あなたの笑顔と優《やさ》しい声には
それだけの力が秘《ひ》められています

あなたの本当の力

自分の未来は自分で創るものです
建設的な計画を立てて
行動あるのみです

誰かの言う悲観的な未来に加担《かたん》することなく
自分にとって喜びとなる未来を
強く望むのです

一部の者たちの破壊《はかい》的な支配に屈《くっ》することなく
調和と他愛《たあい》に満《み》ちた在《あ》るべき真《しん》の世界を育《はぐく》みます

あなたがあなたを最大限に生かし行動するならば
あなたはあなたの
本当の力を知ることができます
あなたに与えられていた力が光明《こうみょう》となるのです

あなたが本気で立ち上がるなら
世界は変わります
あなたの未来を変える力を

世界は待っています

必ず良くなる！

あなたの未来は
必ず良くなるのです！

なぜなら
あなたは日々学んでいるからです
少しずつ改善されているからです

他と比べると
遅《おそ》し早《はや》しの違いがあるだけであり
確実に良き方向へと向かって

あなたは歩いているのです

だから
あなたの未来は
とても愉《たの》しみなのです！

素晴らしい未来

夢を見ましょう
愉しい夢を

何をしたいですか？
何処《どこ》に行きたいですか？
誰と逢《あ》いたいですか？

何を作りたいですか？
何を変えたいですか？
あなたの夢は叶《かな》えられます

叶えるために
時間を使いましょう
叶えるために
日々を過ごしましょう

あなたは夢を叶えるために
今を生きてゆけば良いのです
あなたの未来は
次々に夢が叶えられてゆきます

だからますます愉《たの》しくなるのです
あなたの未来は素晴らしい

おわりに

振り返りますと四半世紀前までのわたしは、不幸でした。それは自分を愛することができず、生きることに対して刹那《せつな》的で、周囲に対しては悲観《ひかん》的な陰《いん》の氣《き》を投げ付け、惰性《だせい》で生きていたからです。

しかし、不思議なことが起こり、靈的《れいてき》に導かれ、どんどん変わってゆきました。

そしてそこにはいつも、わたしを導く言葉がありました。色々な靈存在からの言葉によって、わたしの思考は変わり、言動が変わり、行動が変わり、事実上わたしの人生は一変していったのです。

自身の経験を通じて確実に言えることは、どのような状況にあったとしても、「人は出会いによって変われる！」ということです。

本書は、２０１６年頃よりＳＮＳの神人グループにて、「今日のひと言」と称し投稿してきた内容を元に編纂《へんさん》いたしたものです。

シャーマンとして、自分は何をしたいのか？　何ができるのか？　何を後世《こうせい》に残せるのか？　と自問自答《じもんじとう》し続けたことが始まりであり、辿《たど》り着いた答えは、「幸せの種《たね》を蒔《ま》きたい！」でした。

それからは、日夜、異次元世界からの言葉を繋《つな》ぐこと。皆様に伝わりやすいように言葉を選ぶこと。みんなの幸せを願い言葉を紡ぎ続けることが課題となり、希望となり、喜びとなってゆきました。

そして、「継続《けいぞく》は力なり」「塵《ちり》も積もれば山となる」と、先人たちが残してくださった言葉通り、これまで紡いできた数年間分の言葉たちが、一冊の書籍として生まれ変わってくれました。

これもひとえに、本書出版にあたり御力添え下さいました編集の豊島裕三子さん、イラストレーターの浅田恵理子さん、装丁にあたられました三瓶可南子さん、そして徳間書店関係者の皆々様、そしていつも神人をご支援くださっている「かみひとねっとわーく」スタッフ関係者、並びにファンの皆様、すべての方々のお陰です。心より感謝申し上げます。本当にどうもありがとうございます。

今後ともお力添えいただけますよう、どうぞよろしくお願いいたします。

みなみなうれしうれしたのしたのしかわるかわるありがたいありがたい

2024年4月8日　満開の桜を愛《め》でながら

神人《かみひと》

神人（かみひと）
1969年1月20日、青森県八戸市生まれ県内育ち。京都市在住。シャーマン、ミュージシャン、講師。神人（かみひと）とは、神に感謝しながら生きる人の意。神とは生命を育む宇宙銀河・日月星・地球・自然森羅万象。チャリティーイベント「地球愛祭り」発起人。
幼少期から数多くの神霊体験を重ね、1998年より色々な異次元存在たちとの対話が始まって以来、人生が一変。2004年より、浄霊・浄化の言靈と音靈で織り成す「祈り唄」「祭り唄」を中心とするシャーマニックなライブ活動を全国各地で行うとともに、異次元存在たちから教わってきた話を元に、「宇宙・地球・神・靈・人・生・死・靈性進化」などをテーマに、真実を伝えるための講演活動を続けている。
著書に『じぶんでできる浄化の本』（徳間書店）、『大日月地神示【前巻】』『大日月地神示【後巻】』『一陽来福』『しあわせ手帳』（ともに新泉社）、『みたまとの対話』（野草社）がある。

ホームページ　http://kamihito.net

大切なあなたへ

第1刷　2024年4月30日

著　者　神人
発行者　小宮英行
発行所　株式会社徳間書店
〒141-8202　東京都品川区上大崎3-1-1
目黒セントラルスクエア
電話　編集（03）5403-4344／販売（049）293-5521
振替　00140-0-44392

印刷・製本　図書印刷株式会社

ISBN978-4-19-865815-1